禁断の説得術　応酬話法——「ノー」と言わせないテクニック

從叢書、教材推銷員
到日本AV帝王、教父級導演

村西透／著

林農凱／譯

推銷、借錢、搭訕、求職、吵架……甚至躲債，
AV帝王村西透只要一開口，難纏客戶也能變朋友。

AV帝王說服術

大是文化

CONTENTS

推薦序一　AV帝王說服術：人生必備的防身技巧／歐馬克　7
推薦序二　真正厲害的業務員，讓人無法說「NO」／酸菜居酒屋粉絲團　11
推薦序三　日常、職場，你得先搞懂人性／Mr.的雜七雜八翻譯　15
推薦序四　句句心機布局，讓你輕鬆成交／Erika　19
前　言　暗黑應酬話術，救了我一命　25
序　章　從話少的男人變全國銷售王　31
1. 業績做到NO.1，但我其實是省話一哥　32
2. 銷售之神，成交也是靠「機率」　41
3. 被拒絕，才是成功銷售的開始　49

第一章

讓人不自覺說ＹＥＳ的問話絕技 63

1. 業務不用口才好，但要會「問」 64
2. 攤牌最好？90％會破局，你得問對問題 68
3. 商品知識很重要，但「你是誰」更關鍵 71
4. 不會問、不敢問？先聽對方說七成 78
5. 「要不要試試看？」臭臉客戶也會點頭 80
6. 用稱讚認同對方，操控人心的最佳技巧 82
7. 說服ＡＶ女優的大原則：絕對不說女性壞話 85
8. 把假的當真的，顧客才會入戲 87
9. 反問一句，把債主變朋友 90
10. 檢察官也吃這招？你在套話，他當成交心 92

第二章

先肯定，再否定，事就成了 95

1. 先肯定再否定，激出對方的需求 96
2. 「那位女星也……」人的虛榮心最好操控 99
3. 肯定再否定，別人就會照你說的做 102
4. 嘴巴道歉沒用，那就用身體「演」 105
5. 「我是為了您珍惜的人」一秒打動人心 108
6. 如何消除抗拒心態？故意顯露你的弱點 111

第三章

重複再重複，敵人就會變朋友 115

1. 客戶秒拒絕，是因為怕吃虧 116
2. 當交涉僵持不下，你得重複對方的話 125
3. 心機布局：別人有錯，你先低頭 133
4. 用小細節拉攏人心，我免坐三百七十年牢 138

第四章

用實例，讓人人安心掏錢 145

1. 客戶間也有競爭心態，不想比別人差 146
2. 一張照片、一通電話，90％的人都跟你買 151
3. 你自己就是最好的例子 157
4. 讓別人一直欠你人情，好辦事 162

第五章

充耳不聞，我的「輸了才叫贏」話術 165

1. 反對意見有時是在試探你 166
2. 我這樣說服演技派女星拍真槍實彈ＡＶ 173
3. 當別人憤怒，充耳不聞才是高手 176
4. 讓對方自問自答，你等收割 181
5. 客戶翻臉不認人？你要裝沒事 184
6. 少說多聽，才是占便宜 187

第六章 我那不堪回首的魯蛇人生 193
1. 玩笑話和失言，只在一線之間 194
2. 我膽小到連殉情都失敗 199
3. 落魄到睡公園，被警察當成街友 202
4. 一句「珍珠的眼淚」，害我惹毛黑道大哥 205
5. 錯估時代潮流，我負債五十億日圓 208
6. 自以為閱人無數，卻招來大失敗 213
終章 無論別人怎麼貼標籤，我都是AV帝王 217

推薦序一

AV帝王說服術：人生必備的防身技巧

金鐘司儀／歐馬克

當初在看 Netflix 影集《AV帝王》（按：二〇一九年播出，共八集）的時候，欲罷不能到一個週末就完食了；一集接著一集，完全停不下來。村西透的人生，精采到令人難以置信。我難以想像會有人如此的堅毅與努力，不害怕被拒絕，更視規則於無物，遊走在法律邊緣；擁有敏銳的市場洞察力，為了實現自己所預見的未來，就算一無所有，仍不惜賭上一切。

是這樣的不服輸、勇於面對現實，並且不畏艱難險阻的性格——不論那背後的驅動力是自卑，害怕只有高中學歷的自己被別人看不起，所以內在對成功與金錢有如此強大的渴望；還是叛逆與創造性的性格使然，要做沒有人做過的事、要打破現狀的虛假，然後創造屬於自己世界的真實；這些都讓村西透的人生充滿傳奇「性」（雙關），經歷各種大起大落。

村西透讓我想到另一位銷售大師，喬登・貝爾福（Jordan Belfort），人稱華爾街之狼，他也創造了一套讓人無法拒絕的銷售術。這兩人的共同點是，他們不害怕被拒絕，而且越挫越勇；不僅能從拒絕中找到破口，勇於行動，更將自己的經驗歸納出一套銷售法則，藉此改進自己的話術。推銷，不只是文字與語言，**細微的音調差異、表情、肢體動作、語句順序，都是成交與否的關鍵**。

我不知道該不該推薦這本《AV帝王說服術》，因為我害怕如果這套推銷術使得推銷員的能力大幅精進，是不是會讓更多人成為待宰羔羊？任由話術專家恣意收割我們辛勤工作的成果，讓我們不明不白的就被勸敗，多了許多原本不需要、不想要的東西。

但相對的，我知道我該讀這本書，因為我想當個銷售專家，在生活中，說服爸媽、伴侶接受我的想法（或是已為人父母的你，也想讓孩子聽話）。藉由發問、問對問題，洞悉對方內在真正的想法，了解對方的擔憂與抗拒，並且針對那些疑慮一一破解。

也許你會覺得自己和直銷、保險業無關，因此不需要學習銷售的話術，但其實，我們每天都在「賣」（銷售）。對家人，賣自己的理念，推銷自己理想的生活與教養方式；對老闆，賣自己的提案，推銷自己擅長的工作模式與辛苦做出的簡報。還有更重要的，如果有一天，當我們遇到了厲害的業務員，我們需要**最基本的防身術**（攻防底線）——**知道對方用什麼招、在灌什麼迷湯、下什麼蠱**，當我們對話術有所意識與提防，才不會直接中招，著了對方的道。

推薦序二

真正厲害的業務員，讓人無法說「NO」

酸菜居酒屋粉絲團

透過山田孝之領銜主演的熱門劇集《AV帝王》，讓許多大眾認識到村西透這號大起大落、從谷底翻身的傳奇人物，以及他那不平凡的人生歷程。

而這本《AV帝王說服術》有別於前一本的傳記，是將他在商場上淬鍊的一身功力傳授給大家，包括銷售、說服與溝通的技巧。

這個從地獄谷底翻身的男人，從販售英語教材與大型遊戲機臺業務起家，練就一身本領後投身情色產業，經常衝撞體制卻仍名利雙收，在溝通技巧上必有其過人之處；眾所周知，百科全書這類的直銷工作失敗率極高，他卻能正向思考，以打擊率（成功率）來自我激勵——失敗越多，表示離成交越近，還從不擅與人交談成為公司的銷售冠軍；這本書就是村西透以自己的人生經歷為基準，與讀者分享他那獨一無二的說服術。

在書中列舉的各種說服術當中，最令我印象深刻的是重複法。不論在日常的人際溝通或商務上，當我們與對方意見不同時，第一時間的反應通常是急著解釋或辯駁，但往往效果不佳，更糟的是可能會造成口角紛爭。然而，他的獨門技巧就在於，先**重複對方的說詞，藉此和緩彼此之間的對立氣氛，並且讓對方感受到被理解**。接著，再避開對方的否定、慢慢化解抗拒心態。這一招讓他賣出無數套英語百科、說服難搞的女優拍片，甚至成為被債主逼跳水壩生死關頭之際依然能全身而退的密技——全是以對方的視角與同理心來應對。若無視對方的回答、拚命的講自己，失敗率當然就高，如同大多數人常接到的行銷電話，銷售員若一開頭就劈里啪啦的說一堆，往往會讓人不想再繼續聽下去。

另外，他的提問法也是一絕。好的問題，是在銷售時不讓對方說「NO」；提問得切中要害，才能誘導對方說出心裡話；透過聆聽來了解或是製造需求，才能達成目標；而最後搞定成交的大絕招，則是讓客戶做見證，例如販售百科全書時，拷貝成交訂單，並找出與客戶背景類似的資料來佐證說服；面試素人入行時，讓公司旗下大牌女優出面接待，營造出夢幻與憧憬。

這些經驗談能協助大家在商務上有更多的談判技巧，即使在日常生活中，也能充分運用，讓人際關係與溝通更加良好。

（「酸菜居酒屋」為臉書粉專，以輕鬆、幽默的角度分享日本影視流行資訊。透過小編的一手報導和即時分享與粉絲們交流，不僅廣受網友喜愛，在網路上也具有聲量與影響力。）

推薦序三

日常、職場，你得先搞懂人性

Mr.的雜七雜八翻譯

一開始聽到村西透這個名字，我腦袋裡浮現的是《AV帝王》中，男主角山田孝之那張堅毅而張狂的臉。老實說，當初看這部影集的時候並沒有細細品嘗，看完後雖然覺得好看，但沒有給我什麼太大的體悟，單純只是一部藉由辛辣成人話題，炒出熱度的傳記式影集罷了；但當我讀完《AV帝王說服術》再重看一次才發現，劇中時不時出現主角說服別人的戲碼，其實就是在浮誇的日式劇情之下，所潛藏的各種說服技巧。影集的詳細內容我就不暴雷了，有興趣的讀者可以去看看。雖然片名叫做《ＡＶ帝王》，但內容所講述的，其實是一個努力生活的年輕人，如何從瀕臨破產、欠債、甚至家庭失和，重新站上自己的人生舞臺。

當我打開這本書，映入眼簾的是正處於人生谷底的村西透，跪在大水壩前，作為讀者的我第一次見識到這位ＡＶ帝王的功力，並不是因為他成功化險為夷，而是在閱讀故事的過程中，不知不覺掉進了話術的世界。除了想要聽他在跌跌撞撞的路上，有什麼獨一無二的經驗，更想知道貫穿全書、以及他身為創業家、推銷員這之間的核心——**改變人生的應酬話術**。

其實，我們生活中有很多地方都需要說服別人、說服自己，**不論是請別人幫忙、和客戶談生意，甚至是求職升學的面試，我們都是在「說服」別人**。就像村西透從一開始不敢向人搭話的菜鳥，到成為銷售第一的王牌銷售員，最後甚至成為ＡＶ帝王，靠的是什麼？在我看來，其實只是因為他明白一件事，那就是：**「人性」**。

例如書中第四章提到的，作者利用一般人都有的跟風與競爭的心態，用先前顧客的真實回饋來說服新客戶，讓他們願意花錢購買產品。

讀完村西透的故事，我想到了自己。每週我都會在部落格與粉絲分享不同主題的圖文，其實不過就是在網路上蒐集有趣的題材，再用自己的方式呈現出來。但這段時間做下來，也常常有粉絲願意和素昧平生的我們分享人生故事。看完《AV帝王說服術》以後，我才明白比起說服別人，更重要的是說服自己，要打動讀者，自己就必須先被感動！就像村西透總是相信自己一定辦得到，才能讓猶豫的客戶也得到相信自己的力量；我們在與讀者互動的時候，如果打從心底喜歡自己準備的內容，心意一定也可以好好的傳遞出去。

你以為說服術只是直銷的手段而已嗎？如果你真的打從心底這麼認為的話，不如來看看這本書！若說在叢林生存需要野外求生技能，那麼說服術就是我們在都市叢林的求生本領。

（本文作者為Mr.，非常喜愛歐美流行迷因文化。在等待入伍時創立了「Mr.

的雜七雜八翻譯」粉絲專頁，分享各式各樣的國外趣聞以及有趣的電影內容，獲得許多粉絲熱烈迴響。）

推薦序四

句句心機布局，讓你輕鬆成交

「日劇與生活亂談」版主／Erika

掛電話是非常沒有禮貌的舉動，然而當我們聽到：「您好，我們是○○銀行，現在有優惠利率的貸款，請問您有買車買房的需求嗎？」的來電時，經常一秒也不遲疑的掛斷，甚至還劈里啪啦的罵起電銷人員。

被電話行銷騷擾，我想很多人都很有同感，有時頻繁打來都接到不耐煩了。但我觀察了身邊幾位業務同事，他們應對上述來電時，拒絕的態度堅定卻友善，有時也會回覆幾句簡單的鼓勵，「辛苦啦，你講的資料有機會我會參考」，以及誠懇的感謝。我想是因為他們明白，要客戶從荷包裡掏錢是非常困難的。

此外，規畫年度計畫不免碰上預算問題，這些數字攸關公司營運，就算金額不大，累積起來仍然可觀，於是部屬及主管之間常為了幾萬幾千元反覆斟酌、來回廝殺，彼此都試圖說服對方接受自己的立場。

回到家，晚輩勸長輩定期回診或按時服藥；小孩希望爸媽買玩具、零食，又或者買手機、買遊戲，這些**看似稀鬆平常的對話，全都是「說服」**。

說服是人際關係中，非常重要的溝通技巧。開口說話簡單，一開口要說得漂亮有邏輯、有鋪陳，就需要持續練習和累積經驗。

二〇一九年 Netflix 推出的《ＡＶ帝王》引發一陣熱烈討論，真實人物村西透是日本性產業的傳奇人物，除了以拍ＡＶ狂賺大把鈔票、七項前科紀錄、公司破產負債五十億等跌宕故事聞名，他更是一位頂尖業務員。

在民風相對保守，看個封膜小黃書都得低調遮掩的一九八〇年代，村西透已經說服多位女性寬衣解帶拍攝ＡＶ，甚至大方上電視談自己的心路歷程。在進入

AV產業前，他還賣過要價不菲的英語百科全書。

業務往來除了要用各種細膩話術攻下目標，同理對方仍是基本心法。而村西透的這本《AV帝王說服術》，簡單明快的從自身經歷切入，包括多種情境與經驗，或是話術策略的心法，以及他心機安排的各種小細節（誰知道那公事包裡滿滿的合約書都是影本呢）。

他的業務生涯每一場仗，都是一氣呵成的鋪陳布局，讀起來輕鬆無疑，腦袋收穫卻滿滿。

（本文作者為「日劇與生活亂談」版主，水瓶座B型普通人，夢想是在日劇裡過生活，現實是在生活裡看日劇。粉專主要記錄日劇心得、熱愛的演員，有時還有生活的吐槽。）

村西透——

- 賣英文教材，從魯蛇業務做到全國銷售第一。
- 走在時代尖端！做過電子遊戲機臺、情色書刊，被捕入獄。
- 轉任AV導演，面試過七千名女優、成功拍出三千部AV。
- 因投資失利負債五十億日圓，被債主逼跳水壩、賣腎臟。
- 在美國夏威夷拍AV，被FBI判刑三百七十年，竟全身而退。
- Netflix 改拍其自傳影集《AV帝王》，引爆影界話題。

人生從來沒有不敗，但他用一輩子血淚換來——AV帝王說服術。

前言

暗黑應酬話術，救了我一命

一九九二年，我因破產背了一屁股債，負債高達五十億日圓（按：全書新臺幣以臺灣銀行二〇二一年一月公告之均價〇．二七元計算，約新臺幣十三億五千萬元）。不過，在破產以前的全盛時期，我成立的一間ＡＶ製作公司，年收入高達一百億日圓。因此，當時我對破產並不以為意，甚至認為五十億日圓這種小錢隨便都湊得出來。

然而，現實總是殘酷的。在我宣告破產以後，人際關係便隨之瓦解，原本和我親近的朋友們也都一一離去。

那些信誓旦旦要跟隨我一輩子的工作人員沒多久就鳥獸散，就連拜訪以前有資金往來的熟人，也讓我吃足了閉門羹，直叫我別再出現在他們面前。

之後，我因為幾乎身無分文且三餐不繼，只好去拜託曾合作過的影片製作公司的社長，請求他借我一萬日圓左右的交通費。沒想到，他卻回我：「你這次是要再來騙騙小錢嗎？」把我罵得狗血淋頭。過去在拍攝工作的旺季，我可是每個月支付七百萬日圓請他協助製作ＡＶ。

不過，大家之所以翻臉不認人，全都怪我自己平時沒做好事、沒有跟人打好關係之故，可說是自作自受。

就在我一籌莫展之際，某位借我五千萬日圓的男性熟人（不動產經營者）突然來電，表示希望能見上一面。

在破產以後，他曾多次向我討債。由於我以前揮土如金，所以他似乎深信，我即使破產仍可湊出五千萬日圓。從其執拗的語氣中，我多少能猜到他的心思。

這次的電話裡，他的口氣比以往更強硬，所以我只好直接跟他約下午在澀谷站碰面。

他一身時尚打扮，還戴了一副名牌太陽眼鏡，派頭十足的開車前來赴會。才剛碰到面，他便催促我趕快上車，我也只能乖乖的坐上副駕駛座。隨後，車子一路加速開上高速公路，並在關越道的高崎交流道下匝道。

途經一般道路，接著又開上綿延山路。在此期間，他幾乎未曾開口說話。這詭譎的氣氛，讓我始終坐立難安。

過了兩個小時後，他終於停下車，打開車門並走到外面，我也跟著他下車。從漆黑的遠方傳來嘩啦啦、令人不安的流水聲。定睛一看，原來這裡是水壩。

他說：「村西導演，我借你的錢不用還了，我放棄了……不過，你得從這裡跳下去！」口氣聽來溫和有禮，眼光卻彷彿盯上獵物的猛獸般銳利，他似乎心意已決。

我從水壩眺望被微弱路燈照亮的下方，看見了遠處的洩洪閘門。這高度肯定有一百公尺以上，跳下去絕對死路一條。此時的我因恐懼而渾身顫抖。

暗黑應酬話術，讓我死而復生

縱使欠人五千萬日圓，我也不能在這裡以命償還。

我從男子背後看到他的車，這時我才恍然大悟他為何要選擇此地：他的興趣是打獵，我曾在公園看過他帶疼愛的獵犬散步，而既然他喜愛打獵，那麼這種深山裡的水壩肯定是他常來的地方。我非常確信，他的後車廂裡一定有他平常愛用的獵槍。

我原本打算若情況危急就要拚死相搏，不過在這之前，我必須先說服眼前的這個男人。我雙膝一軟、跪了下去，死命拜託他饒我一命。

「我再怎麼爛，好歹也是人稱『ＡＶ帝王』、年收上百億日圓的男人啊！只要你放我一馬，別說是五千萬，兩倍的一億……不對，十倍我都還給你。請你再給我一次機會吧！我在這裡死了，對你一點好處都沒有。

「你不覺得看到一敗塗地的人東山再起，比只要回五千萬日圓更有價值嗎？

若下次我又跳票，那我就自己坐你的車來這個水壩，從這裡跳下去吧！」

接著，我又再補充了幾句。

「我懂那種被朋友背叛的悔恨，明明好心借人五千萬卻要不回來，如果是我早就拿刀子刺死對方了，所以你會痛恨我也是理所當然的。

「一想到你是無可奈何才出此對策，我實在是羞愧得無言以對。因為同情我、借我錢，卻遭遇這種事，你一定也很痛苦。

「可是，如果我真的從這裡跳下去，那就真的辜負了M（這位男子的假名）的好意，還會讓你一輩子都活在愧疚之中吧？不僅沒要到錢，還讓你飽受罪惡感的折磨，一想到這裡，我實在是慚愧無比，死不瞑目啊！」

我懇切的試著打動他的心。

大約一小時後，他突然輕輕說聲：「回去吧。」我跪坐在地上仰看他的臉，他彷彿放下心中大石。就與我們初次見面時一樣，是那副和藹可親的臉龐。

得救了——我鬆了一口氣，同時也為自己把這男人逼到走投無路，感到羞恥。在回東京的路途上，我們一如往常愉快的聊著天。他聽著我拍片時的糗事，開心的展露笑容，甚至笑出聲來。

一年之後，我依約償還五千萬日圓。雖然我說：「利息之後再還。」他卻說：「這樣就夠了。」

不論是誰，在人生中都有所謂的低潮期。當時，**我之所以能擺脫危機，全得益於我不願跳下去的執著，與應酬話術的力量**。

在商務、興趣、戀愛等各種場合，說服力是不可或缺的能力。為此，我執筆寫了這本書，向各位介紹我的說服術及親身經歷。同時，也希望藉由我那跌跌撞撞的人生，能讓各位讀者有所啟發。這份喜悅我實在無從表述。若真要我說一句話，那就是「真是NICE呢」！

序　章

從話少的男人
變全國銷售王

1. 業績做到NO.1，但我其實是省話一哥

我是在二十一歲，從事英語百科全書推銷工作時發現應酬話術的。

一九六七年，我畢業於福島縣立勿來工業高中，隨後前往東京打拚。但在那個時代，若沒有學歷、沒有家世，也沒有證照，能做的工作相當有限。為了餬口飯吃，我只能先在池袋一間供住宿的酒店當少爺。這也算是我進入特種行業的開端吧！

同年，我和前妻結婚並獲得一子，但畢竟特種行業的收入不穩定，為了家人與自己的將來，我決定換工作。後來，就去應徵了英語百科全書《Encyclopedia》的銷售員。

當時，報紙的徵人廣告上，由於工作條件僅標明「無學經歷可」，我內心盤

算著，只有高中畢業的自己或許有機會，於是一寫好履歷，便立刻前往位於新宿角筈（現在的西新宿）的 Gloria International 日本分公司面試。當時的面試官是兩位男性。

「我們公司重視的是員工的實力，只要有幹勁，想賺多少都不是問題。請你加油吧！」在兩位面試官的熱心鼓勵下，我當場被錄取了。

推銷的工作條件為純佣金制（按：按銷售額的一定比例分成；作為銷售報酬，銷售人員沒有任何固定工資，收入是完全變動式的），沒有底薪。此外，也和當時美商公司一樣採週薪制，按照前一週的銷售業績決定薪資，並於隔週匯入銀行戶頭。由於那時手頭比較緊，所以我聽到下個週末就能拿到錢，頓時鬆了一口氣。

儘管沒有業績就沒有收入，但在公司「拚命就一定賣得掉」的鼓舞下，還是讓我鼓足了幹勁。

唯一讓我遲疑的是，員工必須先自掏腰包八千日圓購買推銷的生產工具。由於我才剛辭掉特種行業，並沒有資遣費，所以這項支出於我而言負擔頗為沉重。不過，一想到工作上要用，似乎也別無他法。於是，我二話不說當場就買了這些推銷用具。

在回家的路上，我手頭只剩下幾千日圓。雖然對往後的日子仍感到不安，但既然都走到這地步了，也只能硬著頭皮撐下去。我對著夜空激勵尚且猶疑不定的自己，決心奮發向上。

幾天後，我前往位於新宿站前大樓七樓的公司上課。除了我以外，還有二十人左右的新進員工。

在課堂上，日籍社長以「什麼是銷售？」為演講主題，尤其強調在接下來的國際化時代，每位上班族都必須增進英語能力。最讓我印象深刻的是，「encyclopedia」在希臘語代表「智慧之環」的意思。

僅經過一天的教育訓練，隔天我就被分配到小組中。我的上司是O先生、比我大十歲，畢業於明治學院大學；同組的還有畢業於京都大學、早稻田大學、專修大學等三位二十歲左右的同事。

由於工作內容是賣英語百科全書（英英辭典），因此大家幾乎都是高學歷出身，這讓當時僅高中畢業的我非常懊悔，總覺得自己也太自不量力。但既然都賭上全部家當了，我已退無可退。

省話一哥賣教材，差點要落跑

上司花費了一個小時左右，向大家說明如何跑業務與簽訂契約。結束後，大家再一起搭電車至蒲田站（按：位於東京）下車。

我們在街上推銷沒多久，上司與其他同事都各自搭訕到客人，並引導客人前往附近的咖啡廳洽商。唯獨我業績掛蛋，連開口搭訕都不會。

這是因為，母親從前就經常叮嚀我「大丈夫不苟言笑」，男孩子就該沉默寡言，不可以像女孩子那樣嘰嘰喳喳；冷酷才是男人的象徵，三年笑一次就好，而且還是用側臉笑（按：源自日文諺語，指男人太常笑有損其威嚴）。

小時候，母親在家也會要求我少說話，或許就是因為這樣，少年時期的我總喜歡幻想。在下雨的週末，我會獨自窩在家裡，遨遊在自己幻想中的世界玩戰爭遊戲，然後自言自語。

母親因為看不下去，常常罵我：「你這孩子是怎麼回事？一個人在那邊碎碎唸，也太奇怪了吧。」連自言自語都說不好，我的少年時期彷彿罹患了失語症。

當酒店少爺以後，失語症總算有所改善。因為主要工作是聽客人說話，所以不太需要主動開口，因此在表達能力上，一點進步就足以應付了。

但推銷的工作恰好相反，必須滔滔不絕的說話，而且面對的還是從未見過面的陌生人。當然，還得向客人說明商品特色。這對我來說實在太困難，所以我開始有點打退堂鼓，想回家走人，日後再尋其他工作。

在初夏的路上，我白白站了三小時，喉嚨乾渴無比。當時東京的天空充滿工廠與車輛排放的廢氣，老是灰濛濛的，有時嚴重到甚至達到光化學煙霧（Photochemical smog，由氮氧化物等汙染物質光解而產生，之後會留下懸浮粒子，屬於二次汙染物）警報標準。光是出個門就足以讓白色襯衫衣領發黑，可見空氣品質之糟糕。或許各位不相信，當時銀座的十字路口可是有戴著防毒面具的警察在指揮交通呢！

我用手帕拭去額頭上的汗珠，白色的棉質手帕隨即印上了一層灰黑髒汙。正當我煩惱著是否該口頭辭職，還是直接落跑時，上司出現了。

第一次向路人搭訕還被踹

上司朝我走了過來。他已經成功拉到兩位客戶，還跟其中一人簽約，表情相當得意。他指示我：「對面有一個西裝高個男，你去向他搭話，快點！」其實，上司已經下達指示十次以上，但不管他怎麼催促，我始終因為害怕而無法踏出那一步。

就在此時，上司忍不住大吼：「叫你去你就去啊！」用皮鞋狠狠的踹了我一腳。我身上新西裝是妻子用所剩無幾的錢買的。結果，被這麼一踹，鞋印明顯的留在我的褲管上。我氣得回嘴並大喊：「你到底想做什麼！」但主管仍毫不留情，又推了我一把。

這位身高挺拔、目測約三十多歲的上班族，看到突然闖入視線的我，神情顯得有些驚嚇。但事到臨頭，我也只好硬著頭皮，用上司教的推銷話術開啟話題。

「不好意思，打擾您了。」

「有什麼事嗎？」

「您好，我是美國出版社 Gloria International 的業務員，我可不可以請教您一個問題？」

「可以呀。」

「請問您現在有需要學習英語會話嗎？」

「有啊，如果能自然學會就好了……。」

「只要每天花十五分鐘並且持續三個月，就能用英語流利交談喔！」

「聽起來還不錯！」

「對啊，因為很多客戶都有這樣的需求，所以我們準備了這套非常優質的課程，請問您現在方便嗎？只要給我十分鐘就好。」

男子的態度非常和藹可親，馬上爽快答應。

「那我們到那邊的咖啡廳，讓我為你詳細說明。」我引導這位男子走進上司與其他同事也在的咖啡廳。

「那麼我就盡快說明吧！」我打開文件夾並將資料攤在桌上，開始說明商品內容。當時我實在很拚命，連自己在說什麼都不知道。雖然途中服務生來點過餐，但我連喝一口咖啡的餘裕也沒有，自始至終只是不斷的說話而已。

男子認真聽著說明，有時會點頭表示贊同。結束商品說明後，我遞出契約並向他低頭拜託：「機會難得，請將這套優質的英語百科全書帶回家吧。」

男子隨即答應，並拿起桌上的原子筆，輕快的寫下自己的名字、住址與公司行號。

這簡直令我難以置信，聽完我那語無倫次又拙劣的說明，竟然還有人願意在契約上簽字！這狀況雖然讓我有些丈二金剛，摸不著頭腦，但眼下這位男子確實在契約上簽了名，並當場支付簽約金三千日圓。

契約上寫的年齡是三十歲，公司一欄則填上了「日立製作所」（按：日本八大電機製造商之一）。即便過了快五十年，至今我依然記得他的個人資料。最後他說：「謝謝你告訴我這個好東西。」便轉身離去，是位彬彬有禮的迷人紳士。

坐在隔壁桌默默觀察的上司對我說：「恭喜。」並伸手握住我的手，「才第一天就能簽到約實在很厲害！你很有天分喔！」上司露出了滿心歡喜的笑容。

我也鬆了口氣，總算拿到人生中的第一份合約。我的腦海中，浮現了剛出生的孩子與妻子的身影。

2. 銷售之神，成交也是靠「機率」

英語百科全書《Encyclopedia》總共三十冊，附有英語會話教材，每套售價約二十萬日圓（因貨幣上漲，現值一百萬日圓以上）。銷售員每賣出一套，就可以抽一萬八千日圓的佣金。

我第一天就能簽到約算是新手好運氣，不過之後的一個星期，我仍順利簽下五份契約。對其他銷售員而言，每週能拿到一至二份契約就算很厲害了，畢竟當時的大專畢業生起薪還不到五萬日圓（按：按日本厚生勞動省二〇一八年調查薪資結構，日本社會新鮮人平均起薪為二十萬六千一百日圓）。所以，光是這樣的業績，收入已是平常人的兩倍以上。

但我對每週只拿下一、二份契約，並不滿意。第一週就簽下五份契約讓我有了自信；在貪婪與好勝心的驅使下，我想創造出更好的業績，賺更多的錢，甚至超越其他同事。

JR的山手線到中央線以及私鐵，在東京近郊有著無數的車站，而公司的方針就是以這些車站為據點來推銷。

我每天早上八點從千葉縣松戶市的自家出發，在十點前抵達目標車站。一開始，我會挨家挨戶的敲門推銷，到了下午則在街上隨機向路人搭訕，也就是所謂的定點推銷。過了晚上六點，再轉戰車站附近的公司單身宿舍，在員工餐廳為住戶推銷說明。

每天回到家，往往已超過晚上十點，等於每天工作十四個小時，但我一點都不覺得疲憊，就連週末也會出門工作。即使週末同事們都休假，我一個人也完全沒有問題。一想到大家都在休息，就只有我在工作，反而衝勁十足，每週都想搶下業績第一名。

根據我的經驗，每天向超過三百位路人搭話，大概會有五個人願意走進咖啡廳、坐下來聽我推銷。運氣好的時候，所有客戶聽完都願意簽約，不過運氣若不好，連續三、四天業績掛零也是家常便飯。

但我從未感到挫折，因為我有自己的一套機率理論。

業績連續掛零？恭喜你

依我個人的經驗，每五十個人之中，約莫有兩成，也就是十個人會跟我簽約。因此，**我將自己想像成兩成打擊率的棒球選手**。只要知道自己的打擊率，就算連續二十個人（五個人×四天）都沒有簽約，我也不會焦急；因為，即使連續四天簽不到約，但只要將時間拉長到十天，五十個人裡面的兩成，也就是十個人，就一定會跟我簽約。

了解自己的打擊率後，我就很少為業績而煩惱了。甚至，連續多天業績掛零時，我反而感到雀躍，因為接下來就是有客戶會簽約。

這般沒日沒夜的工作，讓我很快成為公司業績第一。Gloria International日本分公司除了札幌、仙台、名古屋、大阪、廣島、福岡等分店外，在東京都內還有幾個據點，整個集團超過六千名員工。

在這之中，我成為每週全國第一，至少也是全公司前十名的銷售員，令我感到無比自豪，而且收入跟當酒店少爺時相比，簡直天壤之別。由於我每週最少也能賣出五套，所以週末時銀行戶頭都會匯入一筆為數可觀的薪水。

某天，一位中年的銀行行員，越過櫃檯抓住我的手，並對我說：「你每週都能收到大筆薪水，至少把一部分存起來吧！」他的諄諄告誡，讓我印象深刻。

若將我的週薪換算下來，月薪約四十萬日圓以上，以現在的貨幣價值來看，約莫也有兩百萬日圓。然而，儘管每月收入不菲，但在遇到那位銀行員之前，我可是個不折不扣的月光族。因為，我總覺得要是把錢存起來，說不定我就會因為還有後路，而不想努力工作。

所以，我租了一間獨棟小樓，不僅買了電視、音響、高級真皮沙發，還有當年最新款的微波爐，以及大型冰箱、洗碗機。當時，我的生活可以說是極盡奢華。在結束一天的推銷工作後，我也會前往當地的高級餐廳或旅館用餐，一餐就要花掉五千日圓；身上穿的也是西服店的高級訂製品，手錶當然也是名牌貨。

那時候，我以為若不這般奢侈，可能就會不小心流露出寒酸的本性，而被客戶質疑：「這種人怎麼可能賣掉一套二十萬日圓的高價商品？」

我想，這或許是為了掩飾自己只有高中畢業，客戶卻幾乎都是大學畢業的自卑感吧。

應酬話術：拒絕、反駁，都可以變YES！

如前文所述，我全年不眠不休的工作，以自己的一套機率理論，每天花費十四個小時向三百多人搭話，經歷了萬般苛刻的銷售員生活。

然而，再厲害的銷售高手，光靠努力也無法穩如泰山，往往還須運用關鍵致勝武器——「應酬話術」，在最後階段完成簽約。

反之，若不能將這種話術運用自如，就無法說服客戶簽約。因為，被客戶拒絕時，這些銷售員只要一退縮，就容易導致前功盡棄。

那麼，先讓我簡單向各位說明應酬話術的背景吧！

一九六〇年代，日本正值經濟高度成長期，當時從美國引進大量最尖端技術，使得經濟快速發展。與此同時，美國的各種經營理論也傳到日本，以銷售策略廣為人知的應酬話術便是其中之一。

在當時，許多銷售員因為活用了此種話術，讓公司業績蒸蒸日上，才使得應酬話術普及於日本社會。

所謂**應酬話術**，就是**面對客戶的疑問、質問與反駁，所開發出來的商務應對法**。據此理論，所有客戶的反應大致可分為某幾種特定類型，而銷售員只要備好應對答案即可。不過，我必須事先聲明，這套方法並非用來反駁客戶，而是說服客戶、讓人無法說「ＮＯ」。

然而，應酬話術只風靡到一九八〇年代，進入二十一世紀後，這個詞便幾乎不復存在。畢竟在競爭激烈的現代，要賣出商品，需要更精準的推銷話術。

我曾試著用國家圖書館的系統搜尋過去和應酬話術相關的書籍，結果發現，一九六〇年代有兩本、一九七〇年代有兩本、一九八〇年代則出版了十一本。但是，到了一九九〇年代只剩三本，一九九六年以後，則再也沒有相關的書發行。

取而代之的是「行銷話術」。一九六〇年代僅一本，到了一九九〇年代迅速增加至十九本，二〇〇〇年代更多達二十八本。為什麼呢？

這是因為，社會大眾對「應酬話術」有強迫推銷的負面印象，但我認為，不管話術的標題怎麼變，內容仍是換湯不換藥。

換言之，無論時代如何變遷，應酬話術的銷售 Know-how，仍具有一定程度的普遍性。它不單單只是把商品賣給客戶，同時也是所有銷售員都該奉行的指標——「如何受到客戶的喜愛」。

在社會上走跳，我們需要各式各樣的武器，說服力堪稱最強武器。面對不同的意見與邏輯，該如何讓對方說ＹＥＳ？如果說人際關係是社會最重要的資產，那麼應酬話術就是提高說服力的關鍵功臣。

3. 被拒絕，才是成功銷售的開始

不論是談生意還是戀愛，如果被拒絕就放棄，是絕對不可能成功的。**被拒絕，才是勝負的關鍵**。

被客戶拒絕的情況，大致可分為以下五種：「太貴」、「不需要」、「現在不能馬上決定」、「我有一樣的東西」、「我沒錢」。

在當銷售員時，我為了訓練自己的應對能力，從早到晚只要一有空檔，我就會練習思考：被拒絕時如何運用應酬話術來回應。

譬如說，當我過馬路看到紅綠燈時，我會思考：若客戶說這紅綠燈「太貴」、「不需要」的話，我該怎麼回答。除此之外，郵筒、汽車、腳踏車、招牌、雨傘、帽子、保險、酒……舉凡所有日常生活用品，我全都用來當作模擬對話的練習對象。終於，在長久的努力下，我開始覺得連路邊的小石頭，我也可以輕輕鬆鬆就賣掉。

要掌握訣竅並不難，只要向客戶說明商品的優點，客戶就會對商品抱持興趣，進而產生購買欲。也就是說，向客戶訴諸商品魅力，而非照本宣科，就有機會說服成功。以下我將針對五種拒絕狀況，與各位介紹應酬話術的應對回答。

「太貴」：關鍵在使用對象

當客戶說「太貴」時，我們可以這麼說。

1. **價格是比較出來的**。

「這套《Encyclopedia》確實是貴了一點，但商品是昂貴還是便宜，其實是靠比較得來的。就像現在您脖子上的這條領帶，雖然非常漂亮，不過假設這條領帶價格高達十萬日圓，或許就太貴了；反之，如果您是高階主管，領帶的價格卻只有一百、兩百日圓，顯然又太過便宜了。」

「像您這樣的優秀人才，我想五千日圓左右的領帶是最理想的。您會使用較高價位的領帶，並不代表您虛榮或只想自我滿足，而是**因為您很重視和別人的交流。因此，較高價位的領帶，也可以說是一種社交禮儀**。」

「請看看我手上的這支原子筆。如果客戶願意簽約，我給的筆卻是文具店那種五十或一百日圓的便宜貨，那也未免太失禮了，對吧？」

「為表答謝，我通常都會將原子筆送給客戶作紀念。雖然這種原子筆並不常見，因此價格稍微高了些，但能夠成功簽約也是有緣，所以我認為這種價格的禮物再適合不過了。」

2. **強調額外價值、自我投資**。

「再來看我介紹的這套《Encyclopedia》，價格上雖然有點貴，但我換個方式來說好了，如果這套英語百科全書及會話教材，可以加強您的職場競爭力，卻因為價格太貴而放棄，您不覺得這反而是一種損失嗎？」

「況且，這筆錢不是用來吃喝玩樂，而是學習知識，加強職場優勢。每個月只要支付三千日圓，有獎金時多付一點，三年內就可以付清。」

「每個月三千日圓，等於一天一百日圓。**想說出一口流利英語，卻覺得每個月三千日圓太貴，這可是在貶低您自己的人生啊！**無論如何，我希望您可以再想想，花三千日圓投資自己一點也不貴。這樣說可能有點直接，但如果能讓英語變流利，三千日圓不只不貴，或許還太過便宜了呢！」

面對「不需要」拒絕老招，該怎麼辦？

對於說「不需要」的客戶，我曾使用過以下的應酬話術。

1. 勾勒出客戶的未來，所學一定用得到。

「雖然您現在覺得還不需要，但未來是國際化時代，若您可以買下這套教材，藉此增進自己的英語能力，未來一定很令人期待！」

「您不妨想像一下，輕輕鬆鬆就能看懂英語報紙或原文書、不看翻譯字幕也能看懂西洋電影，還能盡情享受西洋歌曲……請盡量在腦海中勾勒出一個快樂學習的畫面。」

「沒有把英語學好真的很可惜。」

「若您信任我的話，就買下這份教材，並且努力學習吧！我想，不用一年，您就可以說出一口流利英語，到時絕對不會再覺得自己用不到。」

「如果您說『我知道有必要，但我沒有預算』，我倒還能理解。但是，像您這樣充滿潛力的人，卻說沒必要培養英語能力，這簡直太浪費了！」

「現代是資訊化時代，據說每個人一天所得到的資訊，是以前的人的一年份。我們常說，金錢就是力量，而資訊是金錢，也是力量。英語是現代的國際語言，更是每個人不可或缺的基本能力。因此，不論是社會、企業還是個人，只要能力不足，可是都會被淘汰的啊。」

「所以，如果您說自己不需要英語能力，這就等同於宣告自己沒有競爭力。然而，就算對您來說，學歷、證照沒有任何意義，但在日益國際化的現在，和不同文化的人溝通卻是很重要的能力。若未來您能學會英語，就無須惴惴不安，甚至所向披靡。」

2. **試了才知道**。

「每天十五分鐘就好，請您試著每天花十五分鐘學習並持續三個月。若到時候，您依然覺得不需要英語能力，那我就自掏腰包買回這套教材，所以您大可以放心簽約。因為我真的很希望，您不要錯過這個大好機會。」

「現在不能馬上決定」：不是不買，而是不想跟你買

面對「現在不能馬上決定」這類情境，我同樣用以下的應酬話術來應對。

1. **強調這是最後的機會**。

「如果您現在不能馬上決定，那您往後如何決定自己的人生呢？」

「我知道您非常忙碌，雖然現在還有時間，但是您之後應該就會去忙其他事了吧……如果現在有時間思考，卻還不能決定，那未來您應該也沒有時間好好想了。」

「我並非好管閒事，而是難得有這個緣分，可以跟您介紹英語學習教材。況且這種坐下來好好談的機會也不多……請容我再說得明白一點，這或許是您學習英語最後的機會了。」

2. 人生不能一直「我再看看……」。

「要不要現在試著決定看看呢？要是過了兩、三天，說不定您還有其他雜事要忙，就沒有心力再思考了。人生每天都有新的問題，要選擇什麼，我們只能憑藉當時的智慧與勇氣做出決斷。」

「以前的人都說，人與人之間的邂逅不全是偶然，而是命運。所以，我一直都秉持著一期一會的精神，珍惜每一次與客戶談生意的機會。今天能與您碰面並有機會對談，是我至上的榮幸。」

「我也一直期許自己成為讓人印象深刻的人，但這並不是因為希望自己有什麼特殊才能，或是受人崇拜；我只是想要成為一位，經過了十年、二十年，仍可以讓所有客戶記住，並且了解我是為他們著想的銷售員。」

「我相信您會為了自己的人生做出決定的，因為人不為己天誅地滅，我不希望您明明可以讓自己更幸福，卻因為現在沒辦法做決定、再考慮兩、三天等搪塞之辭，就此錯失了無可取代的精采人生。」

「說真的，我也從未遇過口中說『再考慮兩、三天』仍如實兌現的人。」

「我有一樣的東西」：用數字強調產品差異

雖然現在是商品泛濫的時代，不過對於說「我有一樣的東西」的客戶，以下的應酬話術仍相當有效。

1. **先認同，後破題。**

「如果您有一樣的東西，那很好啊！但是，能否讓我再次確認並且跟您詳細解說呢？」

「說實在的，我並不是那種強迫推銷、為錢利慾薰心的銷售員。我最重視的就是客戶，只有客戶感到滿意，我才有成就感。」

「只是我希望您再考慮一下，雖然您家中已經有了類似的商品，但我想內容絕對大不相同。我介紹的這套英語百科全書及會話教材，是特別針對亞洲人在學習英語時會遇到的問題，集結眾人意見才終於上市的作品。」

2. **善用數字，強調商品特色**。

「在製作教材時，我們參考了**七千位**英語學習者的問題與經歷。甚至可以說，這套教材就是眾人努力的結晶。即便這套英語教材和您之前買的產品很像，但實際上完全不一樣。」

「我保證，這次的教材內容是所有英語不好的人的救星，是劃時代的作品。而且專家也說，**新教材的學習效能，比舊教材多出一〇%。每天一〇%**，一個星期就多了七〇%，一個月就能多出約三〇〇%，等同於三倍以上的學習成果。」

3. **刺激客戶的潛在需求**。

「一點點也好，每次進步一點，這件事非常重要。就拿汽車來說好了，從腳踏車進化到汽車也並非一蹴可幾，而是從腳踏車進化為摩托車，摩托車再到三輪汽車，從三輪汽車再到輕型汽車，最後從輕型汽車再進化成一般汽車。」

「若當時的人認為『我有一樣的東西了』，而不再對新事物感到好奇，那我們還能有今日的文明社會嗎？正因我們始終抱持著旺盛的好奇心，催生出各種技術革新與嶄新產業，現在也才能擁有豐富的生活基礎。」

「挑戰全新事物的精神相當重要，但這並不僅限於汽車。不管是冰箱、洗衣機、電視等生活用品，都需要我們發揮智慧與判斷能力，以追求更好的產品。」

「不要因為覺得浪費時間或金錢，而選擇毫無效率的生活方式。只要您相信自己是在合理範圍內，做出最棒的選擇，我想，這個選擇必定能成為您日後的自信來源。」

「我沒錢」：你值多少錢投資？

「我沒錢」應該是最常見的拒絕理由，不過我曾用以下的應酬話術來應對。

1. 金錢的活用不在數字，要以得失來計算。

「很抱歉我這麼說，不過這世上有人會覺得『錢太多很麻煩』或『錢太多我很困擾』嗎？真正的有錢人，都是有能力將錢活用的人，所以『手頭上沒錢』並不是問題。」

「我的意思是，當您想獲得某件事物時，就必須有所取捨。為了未來能擁有一口流利的英語能力，我希望您可以每天花十五分鐘學習。」

「我敢這麼說，是因為這十五分鐘並不是白白浪費時間；若可以換來一口流利的英語能力，這點時間對您來說絕對是超級划算的投資。」

「我希望您不要以好惡，而是以得失來思考這件事。在勞碌的生活中，是要每個月花小錢投資英語能力，還是拿來大吃大喝？您可以好好的想一想，哪一種花費對未來才是有益的。」

2. 你值多少錢投資？

「知識是我們社會人士的能源，就像汽車沒油就必須加油；若我們不時常充實自己，也就無法與日俱進。」

「況且，說什麼『我沒錢』而不想投資在自己身上，這可是在糟蹋您自己。一旦我們停止自我投資，那麼未來的收入也就無法高速成長。」

「把『我沒有錢』當藉口，放棄投資自己的機會，其實是輕視自己，因為您認為自己連投資三千日圓的價值都沒有。」

「我們到底是為了什麼而工作的？是為了明天更豐饒的生活。因此，請務必時常充實自己，並藉此累積能量，讓自己有能力邁向明天，千萬別用『我沒錢』這種理由放棄投資自己。」

「這和是否有錢無關，出社會後將金錢運用於自我投資並持續學習，是首要之務。」

「恕我直言，『我沒有錢』跟『我沒有腦』是差不多意思的。」

各位讀者覺得如何呢？

以上這些就是應酬話術。從下一章起，我將列舉更具體的案例。

第一章

讓人不自覺說 YES 的問話絕技

1. 業務不用口才好，但要會「問」

應酬話術大致可分為五大部分，分別為提問法、間接否定法、重複法、實例法、充耳不聞法。我將會在後面章節一一詳細介紹。首先，讓我們先來看看提問法。

所謂**提問法**，指的是銷售員**藉由提問，了解客戶問題**的方法。這個方法有許多優點，例如：業務員不用說太多話、可避免無謂的爭論、讓對方了解自己真正的想法、看穿對方的弱點等。

但是，為什麼銷售員要會提問呢？

這是為了提高客戶對商品的關心度，而且透過「您覺得如何？」的提問，也會讓對方因為無法隨口回答，轉而尊重銷售員的立場。

一般來說，客戶會自信的表述意見，譬如說：「因為〇〇，所以我不需要」等。此時，業務員不應予以反駁，而是**要繼續提問，將話題誘導至「結論」**。所謂「結論」，也就是讓客戶願意簽約、買產品。

以《人性的弱點》及《人性的優點》等著作暢銷全球的作家戴爾．卡內基（Dale Carnegie）曾說：「這世上只有一種方法，可以說服別人按照你的希望去做，那就是善加引導對方，讓對方自動自發。」

而提問法，就是能夠一步步的誘導，讓客戶產生「打從一開始我就想這麼做」的想法，可說是成功簽約的指標。

三個YES＝成交第一步

在提問法中，最重要的就是，不讓對方有機會回答「不是」、「不對」；一旦客戶說出「NO」，銷售員就很難再將否定句扭轉為肯定句。

因為在自尊心的驅使下，人不會允許自己前一秒才否定，下一秒又輕易的改口為肯定句。

據說希臘哲學家蘇格拉底是位說服天才，而他在說服別人時，都會問一些對方不得不說「YES」的問題。不論什麼問題都讓對方說「YES」，那麼當對方回過神來時，即使是一開始會否定的問題，不知不覺也會說出「YES」。這和提問法有異曲同工之妙。

在說服別人時，我們要盡量避免提及導致意見分歧的話題，**先從雙方意見一致的問題開始**，藉此強調彼此的共識。如此一來，當客戶認為這些問題非關銷售員的利益，而是為了自身所設想，自然就會產生購買的欲望。

舉例來說，在推銷產品時，我常在簡單的自我介紹之後，接著問客戶：「您覺得有必要學習英語會話嗎？」大多數客人都會回答：「有。」

接著，我會問：「如果每天只要十分鐘並且持續三個月，就能說出一口流利英文，您不覺得這樣很划算嗎？」幾乎所有人聽到這個問題，也都會給我肯定的答覆。

再來我會繼續提問：「若有一套劃時代的教材，可以讓您增加自己的英語實力，您會不會想試試看呢？」果不其然，多數人都會回答：「想。」

最後，我就會拜託對方：「其實我手邊的這套教材很符合您的需求，只要給我十五分鐘就好，請問您現在有空嗎？」

對上述問題連續給出三次肯定的回答，除非是真的很忙碌，否則大多數人都會大方答應我的請求。

2. 攤牌最好？90％會破局，你得問對問題

不過，即使有機會向客戶推銷商品，但在說明過程中，還是要不斷的詢問：「請問您還有什麼問題嗎？」才能建立良好溝通關係，並且讓對方更投入話題。

一般來說，客戶不會主動透露真心話，所以若我們想要了解對方，就必須主動提問，而提問法就是非常有效的方法。不過，在了解對方的想法以後，仍要逐步引導至簽下契約。

一九八八年，我儲備已久才成立ＡＶ片商「鑽石映像」。當時，我就是用提問法，成功說服許多猶豫不決的女性拍ＡＶ。對於有意進軍ＡＶ界卻躊躇不前的女性來說，關鍵往往在於「怕被別人知道」。儘管這些女性閱人無數，也觀摩了上百部ＡＶ作品，甚至擁有讓某些三流ＡＶ女優相形見絀的性愛技巧，但她們還

是會在意他人的眼光。

由於我深諳此道理，所以我不會明著說：「妳就是不想被別人知道嘛！」相反的，我會先與對方討論AV作品的封面，並且貼心的詢問：「我們有戴假髮，還有貼假痣的變身方法，妳要選哪一種？」如此向對方提供變通方法。

透過上述問題，除了能表達「我懂妳的煩惱，不用擔心」，也能讓對方感受到被理解；甚至覺得這位導演不是只考慮賺錢、自私自利，是有人情味的人，進而完全信任。

不過，必須注意的是，提問終究是以引導對方答應演出為前提，所以你能提供的只有「選項」而已。

除此之外，透過提問法，我還曾挖掘到令人意料不到的女性煩惱。這些煩惱對當事人來說，有時可是比「怕被別人知道」還要嚴重。

譬如，當事人的父親是東京大學出身、日本大財團的社長，或是海上自衛隊的艦隊司令官，或是畢業於京都知名大學的高材生。剛開始說服時也是困難重重，直到透過提問並建立信賴關係，才問出深藏於她們心中的煩惱。

了解她們內心的想法之後，接下來我會鼓勵她們拿出無比勇氣、活出自我人生的意義，為自己開創ＡＶ女優的道路。

我再強調一次，所謂提問法，就是釐清客戶心中的問題並給予解決方案，幫助他們做出判斷的方法。

3. 商品知識很重要，但「你是誰」更關鍵

客戶願意回答問題，表示他們至少有些興趣，然而這個「興趣」其實不是針對商品，而是人，也就是銷售員。正因為對人本身抱持著好感，客戶才會願意洗耳恭聽。

這正是推銷的關鍵。

所有推銷員都該有這樣的認知：明明不知道這項商品對自己會有什麼好處，客人卻願意抽空聽銷售員的說明，這並非是因為客戶能否從中獲取利益，而是**單純對銷售員有好感**而已。

因此，在提問以前，銷售員該留意的是，要**給人誠懇老實的好印象**。

如果對方不喜歡你，那麼不論你的話術再怎麼巧妙，也都是馬耳東風，客戶

不會願意繼續聽你說話。

而打造好感的最強武器，就是「笑容」。笑容堪稱讓人神魂顛倒的春藥。那麼，我們該怎麼隨時隨地面帶笑容呢？

日本時裝設計師小篠順子曾說：「走出戶外隨時都能學習，儘管去學吧！」國民作家吉川英治也說過：「我以外皆為我師。」

若我們能保持謙虛，並向所有客戶虛心學習，自然就會展露笑容。不過，如果只是做做表面工夫，馬上就會被別人看穿。

即使對方的社經地位或學歷較低，也都是有社會歷練的人，因此無論如何，我們都不該輕視別人。

再者，畢竟占用的是對方寶貴的時間，所以銷售員至少也要做到和顏悅色。大家要知道，**具備禮節的人才能做好生意**，這可不是說好聽的。

甚至，我們可以說，不只是銷售員，整天臭臉以對的人都沒資格被稱作社會人士。因為不苟顏笑容易給人自私自利的印象，而毫無防備的大笑，則代表你這個人「值得信賴、絕不會背叛」。

在我還是英語教材推銷員時，為了學會微笑，我每天早上都會在家中的鏡子前訓練自己唱〈昂首向前走〉（按：日本歌手坂本九所演唱的歌曲）。

請各位也試著一邊笑、一邊唱自己喜歡的歌，只要持續一週，就能在鏡子前看見自然展露笑容的自己。

專業不一定能說服人，但「笑容」很可以

以下介紹被笑容拯救的兩個例子吧。

我與我的法律顧問已有三十多年的交情。從我還在販售成人雜誌（封膜書）、情色書刊的時候，就承蒙他多方照顧。其專業在此無須贅述，但讓我們交情加深的契機，其實是「笑容」。

一九八四年，我被札幌東警察署以刻意持有及販售猥褻圖畫的罪名逮捕[1]。當時，他二話不說，立刻從東京坐飛機趕來，在會客室看到我的瞬間，就露出笑容說：「沒問題，你放心。」

但再怎麼說，我也是第一次被捕，待在拘留所的每天都提心吊膽到睡不著覺，不過就在我看見他那無憂無慮的笑容時，心中的不安便一掃而空，眼前的迷霧也頓時煙消雲散。

另一個例子是二〇一二年，我罹患了每二十五萬中就有一人罹病的罕見疾病，被醫師宣告只能再活一週。雖然，在歷經十二個小時的手術後，情況一度好轉，但兩個月後出院時，醫師仍對我說：「病情隨時都有可能再惡化，你最好要有心理準備。」

人在生死關頭是非常脆弱的。就在我熬過長時間的手術，以為自己終於得救的同時，沒想到卻再次收到死亡宣告。後來，我的精神出了狀況，長達七個月之久，每天彷彿夢遊症[2]患者般過得渾渾噩噩。

所幸，後來我遇到這位世界名醫，把病給治好了。但真正鼓勵我的，其實是他對我笑著說：「我絕對、絕對、絕對會把你醫好的！」他那充滿慈愛的笑容，早已讓我獲得救贖。

當紅藝人的共同點？把笑容當武器

當我們展現笑容時，還必須注意「眼睛」。因為，**不管你笑得再燦爛，眼睛沒有笑的話，立刻就會被對方識破。**

---

1 臺灣依《中華民國刑法》規定之第二三五條，散布、播送或販賣猥褻之文字、圖畫、聲音、影像或其他物品，或公然陳列，或以他法供人觀覽、聽聞者，處兩年以下有期徒刑、拘役或科或併科九萬元以下罰金。

2 夢遊症（Somnambulism），一種睡眠障礙，症狀一般為在半醒狀態下在室內走動，但有些患者會離開居所或做出一些危險的舉動，如打開窗戶跳出去、開車等。

過去我曾與演員勝新太郎[3]見過幾次，他曾說過：「演員能化妝，但只有一個地方化不了妝，那就是眼睛、眼睛啊。只有眼睛是騙不了人的。」

藝人毒蝮三太夫以毒舌、語出驚人聞名，他常常滿不在乎的對長者說出「死老太婆」或「老不休」等辱罵字眼。但奇怪的是，那些被罵的老人們別說是生氣，反而開心無比、笑容滿面。這是為什麼？因為他們都知道這些話沒有惡意。

三太夫表示，他的訣竅就是「眼睛」。那些老人們不論被罵到多麼狗血淋頭，只要看見眼睛裡有和藹的笑意，反而認為這種辱罵是善意的一種表現，因而笑得東倒西歪。這完全印證了「眼睛是心靈之窗」這句話。

我也曾與搞笑藝人有吉弘行一起上過電視節目。他說：「每次上節目，我都會注意要一直保持微笑。」觀看他的節目，確實有八成的時間他都在笑，這讓我十分佩服。

演員峰龍太亦曾被晚輩請教，長時間活躍於電視圈的祕訣是什麼，當時他的建議是：「這很簡單，就是一直開心的笑。」

銷售員也是如此，除了隨時保持笑容，還要從眼睛開始笑，真正打從心裡笑出來。

3 日本演員、歌手、導演、劇本家、三味線師範。代表作是一九六二年的系列電影《座頭市》。

4. 不會問、不敢問？先聽對方說七成

這是二十多年前，我還在製作成人DVD時期的事了。由於當時錄影帶還是主流，DVD機也尚未普及，因此經營這份事業可說困難至極。

首先，為了提高產品的知名度，我打算委託日本全國的書店販售我們的DVD。雖然一開始光是因為限制級就處處碰壁，不過好在後來訂單陸續增加，與我們合作的書店最後超過一千家。

而為了委託書店販售DVD，當時我錄取了五名女性電話推銷員，其中有位員工特別優秀。她的丈夫是知名摔角手R，因遭逢事故，結婚後不久便亡故。這位摔角選手離世時，她的肚子裡已懷有遺腹子，為了獨立拉拔孩子長大，她最後選擇成為壽險業務員。

因見識到她向我朋友推銷保險的精湛話術，我當下就決定挖角她來我的公司。她以前還當過空服員，因此在工作上，很快就發揮她超群的待客才能，交出兩倍業績的亮眼成果。

不過，**推銷時約有七成的時間，她都是在聆聽對方說話**。她會說：「嚇了我一跳，真難以置信！」、「是這樣呀，這是為什麼呢？」、「我還是第一次聽到，請跟我說」等。從她的口中，**很少聽到「拜託了」或「再麻煩了」**等字句。

某次，她還在電話中唱起：「我與主人約定到盂蘭盆節前～」後來才知道原來她與客戶聊得盡興，問對方：「我對民謠很有興趣，您可以教我當地的民謠嗎？」對方便告訴她〈五木的搖籃曲〉這首歌。

她對電話那頭的客戶拋出問題，並坦率的表達自己受益良多。把客戶當朋友一樣，反而令客戶感受到她純粹的好奇心，進而敞開心胸。這麼一想，提問法還真是讓人敬畏呢！

5.「要不要試試看？」臭臉客戶也會點頭

有時候即使我們向客人提出問題，對方也不會有任何回應。此時，可別認為這樣很好，因為這表示客人不僅對產品沒興趣，對你這個人也沒興趣。

面對這種漠不關心的客人，簡直就像在南極賣冰箱、在炎熱沙漠裡賣暖氣，這般拿熱臉貼冷屁股，只會讓你感到無地自容。

法國小說家阿爾貝・卡繆（Albert Camus）說過：「我反抗，故我們存在」（按：卡繆認為應用反抗的態度面對荒謬的人生）。我認為，**客戶漠不關心時，恰恰就是證明自己的最好機會**。

我們常說：「拒絕是成功銷售的開始」，從遭到無視的絕望谷底反攻才是銷售的最佳機會，而其突破口便是提問法。

要實踐提問法，關鍵在於如何看穿對方心思。就好比，對喜歡夏天前往海灘的客人談滑雪，根本是白費功夫。真正優秀的銷售員能洞察客戶心中的想法，而每一個提出的問題，也一定可以得到肯定的答覆。

例如：面對客戶「現在沒辦法決定」的推託之辭，你可以問：「您最近有什麼煩惱嗎？」客人大多會回答：「沒有，我最近沒什麼特別的煩惱。」接著，再順勢激發對方的自尊心，說：「喔，那我就放心了，我還以為你是為了這件事煩惱到無法決定呢！」

對於說「太貴」的客人，則可以問：「如果價格只有一半，您就會考慮購買嗎？」此時，一般人通常都會給予肯定的回答。

對於自認沒有購買需求的客人，可以試著問：「是否真的不需要，您要不要先試試看呢？」客戶一般會說：「好啊，如果只是試試看就沒關係。」當客人這麼回答時，代表你已**誘導對方也認同——「試了才知道」**。

換言之，提問法能讓客戶了解自身潛在需求。

6. 用稱讚認同對方，操控人心的最佳技巧

在提問法中，針對客戶的回答，我們必須誘導對方正向思考、丟掉負面思考。此時，「SASHISUSESO」法則就很有效（按：以下五種例句的首字日文拼音縮寫）。

當客戶回答問題後，我們可以一開始就稱讚對方：「真是了不起（SA）」、「真是太好了（SHI）」、「很厲害（SU）」、「世界最棒（SE）」、「原來有這種事（SO）」。只要把這些慣用句掛在嘴邊，客戶就會覺得自己被理解、被肯定，並對你抱持好感。

沒有人被稱讚會感到不快，而我們也都希望別人認同自己、毫無保留的讚賞自己。

譬如，我有位女性朋友是魔術秀的製作人，雖然她才三十多歲，卻已帶著近五十人的團隊，開著三輛塞滿魔術道具的大型貨車，到日本全國及東南亞各地展開巡迴演出。

我曾見識過她指揮舞臺布置的樣子。她對眾多工作人員逐一下指示的高超本領，令我很震撼。尤其是在這樣緊湊的行程當中，要讓這些各有特性、難以管理的工作人員不眠不休的工作，需要非常高明的手腕。而我觀察到，她的命令雖然嚴格，句句卻從不脫離「SASHISUSESO」的法則。

每當她對工作人員提出質疑，對方很快說出理由時，她便會回答：「了不起（SA）」、「真是太好了（SHI）」、「很厲害（SU）」、「你的品味真的很棒（SE）」、「我真敬佩你（SO）」。

儘管這般連番好話，會讓人感到有些害臊，但她並不覺得尷尬，因為部下聽到這些稱讚，往往會更加倍努力工作。這就是用人的魔術，**想要驅使一個人，靠的不是責罵而是稱讚**。我在她身上看到，鼓勵他人能帶來多麼驚人的力量。

提問法的目的，在於藉由傾聽客戶，讓對方因為自己的意見受到尊重，而感到滿意。若能經營好信任關係，想要改變對方心意、達到自己的目標也就不是難事了。

7. 說服AV女優的大原則：絕對不說女性壞話

女人口中的「不」並非否定——這是英國詩人菲利普．西德尼（Philip Sidney）的格言。

我因職業的關係，有很多機會與女性接觸。這時候，我都會留意自己的問題是否能夠獲得女性共鳴，讓她們覺得「這個人很了解我」。當然，她們的回答我不會照單全收，而是從中分析對方內心真正的想法。如果只是傻傻的把對方的「不」當成「被拒絕」，AV導演這份工作肯定做不了多久。

對女性而言，褒獎像是一種旋律。在AV試鏡時，我會問些有如音樂般療癒，聽來讓人心情特好的問題。

「妳的皮膚真漂亮，是不是有在做保養呢？」

「男人都愛長頭髮的女人，妳是怎麼保養頭髮的？」

「有沒有人說過妳的眼神充滿光采，深邃得像是星空一樣？」

「妳的手指好漂亮，有人找妳去做過『手模』嗎？」

「妳的身材好得沒話說，路過的男人都會多看幾眼呢！」

「妳的聲音真的好性感，有沒有人跟妳說過：『我連做夢都想聽見妳的聲音』呢？」

「妳笑起來真可愛，個性也很好，妳的人緣一定很好吧？」

絕對不說女性的壞話是我的原則，所以我不會猶豫對任何女性說好話、稱讚對方的優點。但相反的，如果對方都不喜歡的話，我一句話都不會說。正因為如此，我至今才能拍出三千部ＡＶ作品。

8. 把假的當真的，顧客才會入戲

各位還記得國小教的理化實驗嗎？在白紙上用檸檬汁寫字，風乾後再用火烤，就可以看到原本看不見的字。銷售也是如此，要「烤出」對方的真心話，而扮演「火」這個角色的，就是提問法。

比方說，如果要拍一部近親相姦的作品，就算請來真正的母子或父女擔任演員，也僅能描寫出「事實」，卻刻劃不了「真實」。這是因為，真正有過亂倫經驗的人，對於性愛早就毫無罪惡感。那麼，近親相姦的「真實」又是什麼？

那是種沉浸在性愛歡愉，但同時又夾雜罪惡感的衝突。想要真實呈現這些畫面，就必須請來「假的」演員，而非實際的人事物；如此由旁觀者的角度，詮釋身處欲望深淵的母親與兒子、父親與女兒。

女兒一邊落淚抗拒，一邊反問父親：「爸，我們這麼做會不會遭到天譴？」父親得吐露他的決心：「那不重要了，就算下地獄，我也要和妳在一起！」

有了這般刻劃劇情的問與答，觀眾才能感受到近親相姦的情色而興奮，並且深深入戲。若沒有女兒的「爸，我們這麼做會不會遭到天譴？」這句提問，就拍不出情色片中那生動的昂揚感。而這個例子正好體現了藉由提問，真實才得以呈現的過程。

在拍攝黑道火拼場面時，也常用提問法來表現真實感。過去我曾聽聞黑道人士說：「你們拍的黑道電影，都假到讓人看不下去。」

據他所說，真正的黑道若想取對手性命，都會先假裝吊兒郎當，趁對方大意時再攻擊對手。他接著說：「如果像電影那樣，要砍人之前還彼此叫囂，不管有幾條命都不夠用啦。」

縱使事實如他所述，但劇組若不把叫囂、憤而殺人這個虛構的真實感演出來，就無法彰顯劇情的張力。因此，我們往往會先讓敵方角色問：「混蛋，要來殺我嗎？」然後再讓主角回答：「老大的仇，你拿命來還吧！」讓整部戲達到最高潮。

若將提問法，視為電影或舞臺演員的臺詞就很好理解了吧。如果想說服他人，就要化身為「大咖演員」向對方提問，並誘導對方說出關鍵語句，最後再用自己最擅長的臺詞，攻破對方心防。

9. 反問一句，把債主變朋友

當年，我欠下五十億負債而破產時，每天都有債主前來討債。雖然有些人因討不到錢而放棄追債，但也有人緊迫盯人，天天上門來討債。

我曾在公司發行的本票上簽下個人背書，大意是「就算公司破產，也不代表個人破產，因此要想辦法把錢拿出來」。為此，債主們似乎都認為我以前賺這麼多，手頭上一定還有錢。

不過，我想大家都知道，經營者一旦面臨破產危機，都會把自己的老本都轉移到公司，以避免自己破產，所以根本不會有其他戶頭，更遑論有時間藏錢。當時，我也真的把身上所有的錢，連口袋僅存的最後一張千圓鈔票都丟進去，結果落得身無分文的下場。

然而，那些債主才不管這些辛酸，他們只想扒光我身上一切有價值的東西。無論我怎麼磕頭、下跪、請求饒恕也沒用，最後只好問債主們：「請告訴我到底該怎麼做才好？」為了避免對方以為我想賴帳，我會盡可能表現出最大的敬意，並以非常平緩的語氣說：「不論您要做我什麼，我都照做。」

因為，不管我怎麼求饒，若對方聽不進去、還是要我還錢，大家就只能在原地打轉。所以我就反過來問：「你們希望我怎麼做？」藉此套出對方的想法。

沒想到，對方卻隨口回答：「該怎麼辦，你自己想啊。」

這時，我才了解到，原來連債主自己也不知道該怎麼辦，所以才只用辱罵與責備來討債。

為了讓債主了解一直在這邊瞎耗也無濟於事，就必須運用提問法；透過我這個債務人的提問，讓債權者發現自己的問題。

自此之後，很多債主就不再浪費時間向我討債了，而且不僅停止怒罵，反而和我一起尋找解決方法。

10. 檢察官也吃這招？你在套話，他當成交心

提問法的精髓，在於**不知不覺就套出對方的個人資訊**。

每個人都有不願被他人知道的祕密，但是藉由提問，可以讓我們了解對方重視的原則或是個人的價值觀，進而產生共鳴，最後拉近彼此的距離或心生尊敬。這份心意同時也能傳達給客戶，消除彼此之間的隔閡，並且互相鼓勵。

我的法律顧問曾引介一位極具聲望的檢察官。這位檢察官有著高學歷，做事認真勤奮，與我幾乎相反，這讓我對他很有興趣。聽他的故事，就像親身經歷了另一個人的人生。

我曾問他：「Y為什麼會選擇當檢察官呢？」他回答：「因為也有親戚做檢察官。」

我又問：「您喜歡檢察官這份工作的什麼地方呢？」他卻露出淘氣的笑容說：「抓壞人很好玩呀。」毫不做作的個性讓我很欣賞，所以我話鋒一轉，問：「那您怎麼看猥褻罪呢？」

「猥褻罪跟殺人或竊盜等犯罪不同，不是絕對的惡。隨著社會或文化變遷，我當然也覺得有必要寬緩其規範。不過，與其問我們司法界的人怎麼想，民眾怎麼想才該是司法的判斷基準吧！」他給了我一個清楚又明確的回答。

雖然他位處檢察體系的頂點，卻仍是位思考柔軟靈活的人，令我安心不少。

自此以後，因為我們意氣相投，私下也有些往來。我總在我自己經營的燒肉店碰見他。他除了是位酒國英雄，還是個饕客。雖然平常比較沉默寡言，但跟女朋友在一起時心情都很好，一點小玩笑也笑得很開心。

帶他女友來我店裡吃飯，或許是一種信任的證明。第一次見面時，我直言不諱、毫不客氣的提問，似乎取得了他的信任。我想，這是長年懷疑人性，爬到檢察官最高層的人特有的直覺吧。

其次，他說：「女友想去中島美雪的演唱會」，我也幫忙託人買票。

在之後，雖說我也是受害者，但我還是三度以違反《兒童福祉法》的罪名遭到逮捕（按：分別於一九八六年和一九八八年，因在自己的成人影片中任用年僅十七歲的少女而被逮捕）。本來是必定會判刑的，但某隻看不見的手，讓我得以用緩刑逃過一劫，我想這應該是來自上天的僥倖吧！

第 二 章

先肯定，再否定，事就成了

1. 先肯定再否定，激出對方的需求

人類擁有各式各樣的欲望，譬如維繫生命的食慾、性慾與睡眠等，這類出自於動物本能的欲望。

不過除了肉體需求以外，人類還有心靈上的需求。想要愛人，也想被愛。心靈需求不僅限於男女之間，在社會上希望獲得別人的認同——自我認同也是一種需求。

正因為我們擁有這種慾望，人類才得以發展文明社會、建立豐富文化。有些人甚至會為了自我認同，置個人生死於度外，因此這也可以說是建構人類行為的原則。

性慾、食慾或睡眠都有極限，經歷某種程度的滿足，就不會再繼續向外索求，但是自我認同的需求則不在此限；即使超過極限，人類仍會無止境的渴望，來自自己或他人的認同。

銷售員必須充分理解人類這種源自本能的強烈需求，才能與客戶保持良好互動。對客戶而言，名譽有時甚至比性命還重要，因此身為一個銷售員，嚴禁任何可能會傷及對方名譽的說法；必須尊重對方的立場與面子，並且經常給予肯定。

而將人類這種赤裸裸的欲望看穿，對客戶的拒絕做出回應的，便是「間接否定法」。

具體來說，當客人拒絕時，可先回覆對方：「您說得沒錯」，再接著用「可是」、「但是」、「譬如說」等委婉說法來說服對方。

千萬不能用「不對」、「沒這回事」或「我不認同」等衝撞客人情緒的說話方式來回應，更別說惱羞成怒了。

任何事情都有順序，如同數數是從一到十，說話也有適當的順序。就算被拒絕，也不該因一時的情緒而失言。

當我們被客人拒絕時，首先要說的是「您說得沒錯」、「原來如此」、「我懂您的意思」，從肯定對方開始鋪陳自己的說法。銷售員該做的，是用話語刺激客戶的自我認同需求。

有一句話說「貧窮不是擁有的太少，而是需要的太多」，在這層意義上，任何人都是渴求自我認同的窮人。

2.「那位女星也……」人的虛榮心最好操控

第一次拍ＡＶ的女性大多抱持著不安，而不安的原由因人而異。仔細詢問後我才發現，不少女性在意的都是小細節（例如：很會流汗、嘴巴太大、生殖器形狀很怪等）。

話雖如此，我也絕不會予以否定，不負責任的說「沒那種事」。自己的意見當場遭到否決，任誰都會因為不被理解，而討厭對方吧！

我前面也說過，志在拍ＡＶ的女性，早已觀摩過數百支ＡＶ作品，該做什麼事、該怎麼演，一切都瞭然於心。

但那些都是下定決心走進拍攝現場後才需要注意的事。反而是在下決心前，大多數女性最容易臨陣退縮，有時候也會說出「果然還是不要好了」之類的喪氣話。若此時，我淨說些：「都來到這裡才說不要，會不會太過分了？」這類帶有強迫語氣的話，只會造成反效果，而且我還會被她們烙上「無法信任」或「自私自利」等標籤。一旦有了這種印象，之後不管說得再好聽，她們都不可能會聽進去的。

因此，我會向對方再三強調，不管發生什麼事，我都是妳的夥伴，也一定會幫妳。如此，她們才有可能被打動，而至少願意嘗試看看。

當她們說「果然還是不要好了」時，我會先附和：「說得也是，像您這樣優秀的女性不會這麼簡單就答應拍ＡＶ的。」接著，我還會贊同她們的意見：「您應該也知道那位女星吧，她第一次拍ＡＶ的時候，也說了類似的話呢！」

當她們知道已成功進軍電視圈的知名藝人，第一次拍ＡＶ也跟自己一樣時，虛榮心往往也隨之被滿足。

然後，我會繼續這麼鋪陳。

「隨口就答應拍ＡＶ的女孩，從製作人來看沒有什麼魅力。若不是像您這樣考慮謹慎的人，我們哪有幹勁、熱情來拍出一部好片？坦白講，您這樣猶疑不定，我內心反而大聲叫好呢！」

自己的意見受到肯定，又被大力稱讚，談成的機率通常很高。與她們打好關係，接下來我就能繼續交涉拍攝日期、片酬等具體條件。

3. 肯定再否定，別人就會照你說的做

以前，我曾遇過一位將間接否定法運用到極致的女性。她是某間名牌精品店的老闆娘，我時常光顧她的店。雖然她已年過五十，但身材非常好，好到我覺得她年輕時一定做過模特兒，因為她服裝的品味也相當出眾。

在ＡＶ最興盛的一九八〇年代後半，當時我創立經營的鑽石映像旗下有不少當紅女優，如黑木香、松坂季實子、卑彌呼、櫻樹露依、田中露央沙等。我常帶她們到老闆娘的店購買精品服飾，也算是回贈給女優們的謝禮。店內的頂級名牌服飾有不少都是世界限量商品，但即使價格高達三百萬日圓、五百萬日圓，我也毫不猶豫的買單。

這是因為，這些女優也為我賺進十倍、二十倍的錢，例如松坂季實子每個月

出一部作品，就能為公司賺進一億日圓。既然都要酬謝她們了，這些禮物當然越貴越好。

至於這些女優們大概認為反正有人會出錢，就常在店內東挑西選，煩惱得不知如何是好。

當她們以否定的意見問老闆娘：「這件會不會太花俏了？」時，老闆娘不會說：「沒有這回事。」反而同意她們：「確實像您說的，沉穩一點的顏色比較適合您喔。」

她接著補充：「不過，不看顏色的話，這件衣服的剪裁合身，相當適合您，根本就是您的衣服。買衣服最重要的就是舒適度，穿起來不舒服就會顯露在表情上。這樣的話，無論穿什麼都不會好看。若您在意顏色，那要不要試試看用領巾等配件來搭配呢？」老闆娘不僅給了建議，還誘導她們購買其他配件。

有時，我會帶多達四、五位專屬（按：與AV片商簽訂專屬合約的女優）女優到這間精品店購物。

面對女優們「不太適合我吧」、「設計好像怪怪的」、「再〇〇一點會不會更好呢？」等否定問句，老闆娘都以「您說得對」、「您懂得真多」、「真了解時尚呢！」等肯定意見來回答，最後幾乎所有的女優都會聽從老闆娘的建議來買衣服。

托她高明話術的福，我也曾一晚花了六千萬日圓，這無疑是間接否定法的最佳範本。

4. 嘴巴道歉沒用，那就用身體「演」

一九七〇年代後半，當時我在北海道經營大型遊戲機臺的出租，我常在放了六臺遊戲機的廂型車內準備幾套換穿的衣服，而且都是純白的整套西裝。

遊戲機主要租給札幌、苫小牧、小樽等地的各家業者。雖然放置機臺的咖啡廳有時會抱怨「硬幣投不進去」或「螢幕沒有畫面」，但因為業務地區很廣，我沒辦法隨時到場處理。

如果我人在小樽，等處理完事情再趕到苫小牧就要花上半天時間，所以有時候急忙趕過去，老闆往往都不會給我好臉色看。

他說：「客人們因為玩不到遊戲，都已經離開了。」對當時設置大型遊戲機臺的店家來說，這些遊戲機是不可或缺的收入來源。

如果我一味的辯解「畢竟是機器，總是會故障的」，那對方大概會大發雷霆吧，所以我只能不停的低頭認錯。即便如此，對方仍會反擊說：「你們處理的速度太慢了，我要換本地的業者來弄。」

一切都完了——雖然狀況看似很糟，但我早就預料到這種情形，在進咖啡廳之前，就已經換上白色西裝。

我會說：「能請您再給我們一次機會嗎？為表示我的歉意，車上有新款的遊戲機，我現在就換新機臺給您。」然後回到車上，開始把遊戲機搬下車。

當時一臺遊戲機的重量將近三十公斤，即便是成年男性雙手抱著也可能站不穩，從車上搬下來有時還會摔倒。此時，如果地上的泥巴不小心濺到衣服上，我就會直接穿著髒掉的白色西裝，將東西搬進店裡。

老闆看見我滿是泥巴的白色西裝，露出擔心的表情。我接著說：「沒事，只是在那邊稍微跌倒而已，沒問題。」然後把舊機臺搬走。

看到穿著骯髒透頂的白色西裝又滿頭大汗的我，老闆的態度一百八十度大轉變，神情顯得相當愉快。「機會難得，你就喝杯冰咖啡再走！」最後他免費招待我店裡的招牌咖啡。

西裝送洗費根本不值一提，因為這一連串的精采演出有時能替代間接否定法，讓客戶難以說「ＮＯ」。

5. 「我是為了您珍惜的人」一秒打動人心

當年我還在推銷英語百科全書時，並沒有每天到公司報到。由於只要將客戶的契約送件到公司即可離開，所以我大概兩、三天才會去公司露個面。再加上薪水會直接匯進銀行，因此就算不去公司也沒關係，將契約寄出就好，不過我偶爾還是會去公司看看。

公司的會議室會貼上所有銷售員的業績表，大家各自做了多少業績，可說是一目瞭然。

因為我以每週進入前十名為目標，所以我對其他人的業績十分在意。看到有同事的業績比我還高，往往令我再次燃起鬥志。

有趣的是，早上九點到公司時，我常在同棟大樓碰到某位壽險女業務員。這位女業務員是位中年媽媽，但穿著年輕時尚，也不會太過花俏。

她每次看到我都會精神飽滿的打招呼，下班時不說「再見」，而是「祝您順心平安」。據同事所說，她是前華族（按：日本明治維新後至《日本國憲法》頒布前〔一八六八年至一九四七年〕的貴族階層）的後人，出身高貴的家族。

不意外的，她也向我推銷保險。即使我說「我還年輕不需要」，她依然燦爛笑著回答：「對不起，我不是在說您看起來有年紀，請您別誤會。我不是為了您，而是為了您珍惜的人才向您推銷的。」

之後每次見面，她三句不離「是為了您珍惜的人、為了幫助您才向您推銷的，請不要嫌我煩喔！」身段放得很軟，往往讓我笑出聲來。

她常花一個多小時穿梭在一百名以上的推銷員中，數十次用間接否定法說：「我知道，不過我不是為了您，而是為了您珍惜的人——所以……。」

與她首次見面後過了幾個月，我的第二個孩子出生了。因為打算幫孩子買保險，便向她打了招呼，請她為我量身訂做最適合的保險方案。

她開口說：「我知道了。我不會為了您，而是為了您最重要的家人，準備最棒的方案。」並向我眨了眨眼睛。

6. 如何消除抗拒心態？故意顯露你的弱點

我有個男性朋友在經紀公司從事星探工作，五十多歲、相當優秀，同時也是運用間接否定法的說話高手。雖然他的個子相當矮，稱不上帥哥，但也不至於讓人討厭，外貌算是「普男」。

要說這個普男矮個子為什麼業績這麼優秀，他的祕訣就在於一旦鎖定目標後，就會有如龜鱉咬到人般死不鬆口，以及巧妙運用間接否定法。雖說如此，但也沒有死纏爛打到引起警察關切，因為他懂得什麼時候該收手，只是不會輕易的放手。

就讓我來介紹他以前如何在街上挖掘明日之星吧（現在已改為遞出名片，與對方交換聯絡方式的方法）。

他不是用「您對電視圈的工作有興趣嗎？」這種老套話術向女性搭話，在東京街頭趴趴走的年輕女性大多有被搭訕的經驗，如果只是隨便叫住對方，她們是不會停下腳步的。

他的開場白是：「妳已經有經紀公司了嗎？是模特兒還是藝人？還是愛克貝思（avex）那種音樂娛樂公司嗎？告訴我嘛，簡單跟我說一下就好了。」

如果對方說：「我沒有什麼經紀公司。」他就會連珠炮似的回應：「怎麼可能，騙人的吧？不要說謊嘛，只要告訴我經紀公司的名字，我就直接去公司跟妳談。我手上有份工作很適合妳，我真的很想跟妳合作。太可惜了，這可是千載難逢的機會呀！」

即使如此，一般女性通常也不會有什麼興趣，但接下來才是這矮子星探的重頭戲。

「對不起，對不起啦，原諒我這麼煩人，不要嫌棄我嘛！抱歉，真的對不起妳啦！」接著他不斷表示歉意，幾乎要跪下來了。

女性此時會開口罵人：「你口中說的『抱歉』也只是說說而已，真的很煩人，請不要再來纏我了！」不過他沒有放棄。

「不要欺負我啦，我絕對不會唬弄妳。妳看也知道，我這麼矮，比力氣也比不過妳呀。」

這時，女性才終於發現，萬一發生事情，眼前這個矮子男的體格一點威脅性也沒有。面對這種男人沒什麼好怕，反而消弭了她們心中的抗拒心態。

「抱歉，抱歉，在那邊的咖啡廳給我五分鐘就好，妳就當作日行一善，聽我講一下吧！」女性們即使口中說「只有五分鐘喔」，還是被勸誘到兩個人好好坐下來談。

第三章

重複再重複，敵人就會變朋友

1. 客戶秒拒絕，是因為怕吃虧

所謂**重複法**，指的是**藉由附和客戶拒絕的理由，來扭轉對話局勢**。譬如聽到對方說「太貴」時，就跟著說：「您覺得貴嗎？確實是有一點貴！」用相同的句子來回應。

其實，不論客戶拒絕的口氣再強硬，只要將句子再複述一次，大多就能緩解當下的衝突。

但是，如果你硬是要說服對方，難免就會展現出較為強勢的一面；此時，若又過於焦躁的話，反而容易因為誤踩對方地雷，而留下壞印象。

若客戶認為「太貴」，你可以順著對方說：「您覺得貴嗎？確實是有一點貴！」當客戶的意見獲得理解時，不僅會對銷售員抱持著良好的印象，往往也不會再反駁。因為，他們會認為，這個銷售員與自己英雄所見略同，甚至覺得這個銷售員個性很好、很有誠意。

再者，**客戶的反駁往往並非出於惡意，而是因為對產品有些興趣，但又有些猶豫，所以才會用拒絕的方式來表現**。因此，請各位反向思考，將客戶的拒絕視為：「其實我也有點興趣……」。

客戶之所以用「太貴」當作攻防底線，是由於他們擔心自己被強迫推銷或是吃悶虧，所以才保持警戒心。此時，銷售員若能複述及附和，就能緩解客戶的態度，並且漸漸突破心防。

從客戶的立場，複述一樣的拒絕理由，能減少無益的爭論或負面情緒，這就是重複法的厲害之處。

各位或許會擔心，如果附和客戶，對話主導權可能會被對方搶走而就此失去成交的機會，不過這都多慮了。

銷售這種工作的特性就是，若客戶不喜歡你，一切都免談。接受客戶的說法並且同意對方，才能站在銷售的起跑線。在此之前，請當作暖身運動，因為拒絕才是成功銷售的開始。

成功銷售的關鍵，取決於客戶與銷售員之間的互動。而重複客戶的拒絕理由，傳達的也就是「我和你站在同一陣線」。

膽小員工變身大老闆，靠重複法

與一臺電腦就能完成所有影像編輯的現代不同，以前剪接影片需要運用大型的編輯器，因此一坐在機器前面，幾乎每個人都會被眼前多達數百顆按鈕的器材給嚇到。

我在鑽石映像時期，曾請一位新進員工負責影像編輯。結果，他一看到器材有這麼多顆按鈕，整個人都嚇傻了，並且絕望的哀嚎：「我實在學不來，請讓我到外面的學校上課吧！」

我說：「的確，這裡就像飛機的駕駛艙，這麼多按鈕根本不知道怎麼操作吧！」我告訴他，我能理解他的想法。若想說服一個人，首先要理解並同意對方，接著再用重複法。

「不過你別擔心。」我繼續說。

「這裡雖然有很多顆按鈕，但你放心，因為這不是飛機，你就算按錯按鈕也不會故障或爆炸的；頂多只是影像從螢幕上消失或發不出聲音而已。所以，你別怕，多按幾次編輯器，它不會就這樣壞掉的，你就多多嘗試，失敗也沒關係！」接著我還刻意的按了眼前這些按鈕。

雖然他一時有些驚慌失措，不過在我的勸誘之後，即使畏畏縮縮，他仍然伸手按了按鈕。

隨後，他便開始練習影像編輯，才不到一個星期，就能熟練操作編輯器了。當時的這位新進員工，現在是日本最大ＡＶ片商的董事長。

賣英語教材給自衛官、老太太

一九七二年，我離開了 Gloria International 日本分公司，遷居至北海道。透過這份工作，我對日本人學習英語有很深刻的感受，因而突發奇想，將英語會話教材和錄音機搭配販售，並為此感到躍躍欲試。

某天，我在札幌市內的狸小路附近街頭推銷時，迎面走來一位穿著自衛隊制服、外表整齊挺拔的青年。

我按照慣例向他搭話：「不好意思，方便問您幾個問題嗎？」這名青年自衛官爽快的回答：「好啊。」我問：「您現在有需要學習英語會話嗎？」他立刻否定說：「我覺得沒必要。」

當我表示贊同：「您說得也沒錯，比起英語，每天的訓練更重要吧？」時，他的眼神一下子亮了起來，接著說：「是的，我們每天都很拚命練習。」從他的言行舉止，我似乎嗅到蛛絲馬跡，便問他：「冒昧請問一下，您是從事什麼特別的訓練嗎？」他則回答：「我是奧運強化選手。」據他所述，他雖然所屬自衛隊，不過因射擊技巧高超，所以被選為冬季兩項（按：指越野滑雪、射擊）的強化選手。

我拜託他：「那一定很辛苦吧！一點點時間也好，方便請教您的競技專長嗎？畢竟這可是我第一次遇到日本國手呢，我想多了解一些。」

他應聲說好，便和我一起走到附近的咖啡廳。之後，我們整整聊了兩個多小時，包括冬季兩項是什麼樣的運動，又有什麼讓他感到有趣或是辛苦的地方。

在聊天途中，我發現他為了遠征國外，時常有前往歐洲的機會。

當我提到：「若要跟外國選手交換技巧與意見，是否需要語言能力」時，他興致盎然的說：「如果能說一點英語就好了。」

若在聽到「覺得沒必要」的當下，我急著反駁說出：「沒這回事。」他之後絕對不會輕易的向我吐露心聲。

於他而言，能否撐過每日嚴苛的訓練，培養自己的耐力與體力，就是他的生活重心，英語溝通能力不過是次要。但是，當他知道，我理解他是在多麼嚴格的條件下進行訓練後，便將關注焦點轉移到未來的課題，也就是「透過英語與外國選手溝通的能力」。

與他告別時，我成功拿到了他的契約。之後，他在第十一屆札幌冬季奧林匹克運動會比賽（按：舉辦於一九七二年；簡稱冬奧，每隔四年舉行一屆，以冰上和雪地舉行的冬季運動為主要賽事，下一屆為二〇二二年北京冬奧會）大為活躍，而我則死盯著電視機，聲嘶力竭的為他加油。

另外，還有一個推銷案例是老太太。

從北海道稚內市往名寄市方向，開上國道兩個小時，就可以到達音威子府村（按：北海道人口最少的村莊）。音威子府村可說是陸上孤島，我曾提著裝有英語會話教材與錄音機的公事包，沿著國道步行到這裡。當時是嚴冬，北海道風雪之大，連一公尺外的景色都看不見。

我的體力幾乎到了極限，而且很害怕自己凍死路邊。就在此時，我發現前面有盞燈光，隱約能看見「食堂．喫茶」的招牌。於是，我連滾帶爬的拚命往前狂奔，打開店門並走進店裡。

一位上了年紀的老闆娘招呼我入坐。我趕緊點了一杯熱咖啡，老闆娘則反問：「要明治還是森永的？」她賣的竟是即溶咖啡。當年在北海道人跡罕至的村莊裡，這樣也是能做生意的。

我啜飲著比一般咖啡多三倍量的明治即溶咖啡，幾近凍結的身子終於暖和了起來。若沒碰上這家店，說不定我已經遇難了。

「小哥做什麼生意呀？」老闆娘向我搭話。

「我賣英語會話教材。」聽到我的話，這位老婆婆接著笑了：「我兩隻腳都快踏進棺材了，實在沒必要學英文啊！」

「您說得是，或許沒什麼必要，不過您若再年輕個三十歲，我一定會叫您買的。」我用重複法開了玩笑，並向老太太搭腔。

隨後我轉換話題：「那麼，現在您有什麼想學的嗎？」她回答：「這個嘛，要是每天早上能為我那死去的老公唸經唸得更好聽就好了。」老太太露出稍許寂寞的表情。

「您先生真是幸福，每天早上都能聽到老婆唸的經。要是我死了以後，也想有人每天早上唸經給我聽呢！」老太太面露嬌羞。

後來，又過了四個多小時，外面的暴風雪才稍微停歇。當我離開這家店時，老太太跟我簽了約。她說，她想把教材當成禮物，送給就讀札幌女校的孫女。

老太太起初說：「人都快走了，沒什麼必要學」時，我用重複法開的玩笑「太太若能再年輕三十歲」成了關鍵。她之所以對我敞開心胸，或許就是因為覺得這小夥子還真會講話吧！我打從心底對老闆娘感激不盡，同時也讚嘆重複法為我帶來了勝利。

2. 當交涉僵持不下，你得重複對方的話

羽田機場的第二航廈內，曾建有東急羽田卓越大飯店。這間飯店頗為時髦，庭院裡除了有游泳池、南國風情的樹木，在大片草皮的對面，還可以看見東京灣，充滿了熱帶氣氛。我曾在這裡拍過促銷女郎的宣傳廣告。

當年，雖有歌樂（Clarion，音響品牌）的代言女郎蓮舫（按：現為日本參議院議員），不過我最看好的是，曾擔任國外頂級名牌模特兒的安妮塔・卡斯蒂洛（Anita Castillo）。

據小道消息，她曾與日本演員本木雅弘交往過，但工作人員透露，她當時與巨人隊職棒選手桑田真澄熱戀，前途可是一片大好。

很顯然的，她若能參與AV的演出，肯定會大獲好評，這鐵定是門大生意。

由於她聽得懂日語，所以我在遠離拍攝現場的露臺擺出兩張沙灘椅，與她一對一談話。我想這是最好的說服機會。

我開門見山就問：「妳想不想拍ＡＶ？」

「我？拍ＡＶ？怎麼可能！」她不自覺的提高了音量。

「是啊，怎麼可能呢，真是抱歉。」

「為什麼不想呢？」我輕聲的試探詢問。

「為什麼？這是當然的吧，這很丟臉啊！」她紅著臉說。我再次用了重複法：「的確是挺丟臉的，這也難怪。」

於是，我轉移話題，問：「妳將來想成為什麼樣的人呢？」

她回答：「我的夢想是回到故鄉夏威夷，開一間計程車公司。」她的眼神望向了遠方。

我第三次用重複法，說：「回到夏威夷開計程車公司嗎？妳這個夢想真的很棒耶！」

「對呀，我要開著計程車帶日本遊客四處跑，體驗夏威夷好玩的地方。」她神采奕奕的答道。

我說：「坐計程車到夏威夷各地觀光，聽起來真有趣。」接著補充一句：「那就實現這份夢想吧。」

「我也想實現這個夢想，但我沒有錢。」

「那些錢由我來出，別擔心。」她聽到這句話時，誇張的上前抱住我：「真的？我可以相信你嗎？」

之後，我把拍攝工作全交給工作人員，繼續說服她，直到泳池被染上夕陽的紅色。我提出支付片酬三千萬日圓×兩支片＝六千萬日圓的酬勞後，她終於答應拍AV。

果不其然，她的作品爆紅，而她則拿著六千萬日圓回到夏威夷，成為孩提時代憧憬的計程車公司老闆。

賣東西最常遇到：難纏家長、囉嗦太太

我曾與一位才剛從大學畢業的女性上班族簽約。雖然她任職於在東證一部上市交易的大企業，但依我們公司規定，這個年紀簽約仍需保證人。她說，她的保證人是父親，因此為了請她的父親在契約書上的保證人欄簽名蓋章，我拜訪了她父親擔任董事的保險公司。

她父親的公司位於東京站的八重洲口。我向櫃檯傳達來意，便到董事專用的豪華會客室等候。接著，從門口出現的是，一位身高超過一百八十公分的俊挺男子，體格結實，而且面容精悍、一身小麥膚色，儼然如一位英國紳士。

「現在是怎樣？」父親拋來銳利的視線。

「您好，我是來自美國芝加哥的……，」我正打算自我介紹並開始說明，卻被她父親直接打斷。

他語帶質疑的問：「我聽小女講過你的產品了，不用再重複一遍。我想問的

是，你在哪裡遇見小女的？」

他似乎認為自己的女兒可能被詐騙。

我老實說：「令嬡在等公車時，我向她搭話推銷的。」

「在公車站搭話？手法還真粗糙啊！」他一臉不悅的說。

我坦率的低頭認錯：「關於這點，我也正在反省了。」

他接著斷然否定：「抱歉，我一點都不覺得你介紹的教材能提升小女的英語能力。」

我趕緊使用重複法回應：「就像您說的一樣，我也覺得只靠這套教材是無法提升英語會話能力的。」

「話說回來，不過就這水準的教材，也未免賣太貴了吧？」

「您說得是，這份英語會話教材確實太貴了，真的非常抱歉。」我低頭認罪，而這當然也是重複法。

不過，接下來這位父親說：「我不是要對這產品指三道四，只是想搞清楚賣東西的人到底是什麼來歷，你不要太見怪。」然後，打開放在桌上的契約書，在保證人欄上快速的簽名，最後蓋了印章。

臨別時，他還主動握手、拍拍我的肩膀說：「就拜託你了。」我看著走出會客室的父親，心想果然虎父無犬女，瞬間對那位千金動了一絲絲情意。

另一個案例是咖啡廳的太太。

咖啡廳的隔壁開了一家美容院，由咖啡廳老闆的太太經營。雖然老闆同意我在咖啡廳裡設置遊戲機臺，但太太無論如何都不願意點頭。

「咖啡廳本來就是悠閒品嚐咖啡的地方，就像一間會客室。在一間寧靜的會客室裡，是要放什麼遊戲機臺？」太太非常堅持。

老闆則是典型吃軟飯的男人，在妻子面前完全抬不起頭，連屁都不敢放。這位太太靠美容院的收入開了隔壁這間咖啡廳，地點佳、停車場也大，店內還有二十幾個座位，平日客人絡繹不絕。我有預感，若可以在這邊設置遊戲機臺，應該能賺進大把鈔票。

我擬定了一個說服計畫，那就是每三天去一次太太經營的美容院理髮。

雖然她一開始說：「來理髮是很好，但不管你來幾次，我都不會答應的喔！」態度依然十分堅定。不過，我還是說：「不是啦，我只是沒有每三天剃一次頭，感覺就很不舒服。」接著坐到椅子上，請太太幫我理髮。

「最近的咖啡廳真奇怪，不管哪間店都放遊戲機臺，客人怎麼能放鬆呢！」鏡子裡太太的眉頭緊鎖。

「客人沒辦法放鬆，這可不行。」我附和她。

「我們家那口子也都不會想，滿腦子只想快點賺錢，每次都只考慮到自己，這真的很糟糕！」太太的不滿已經擴及到先生做生意的方式。

我用重複法道歉：「只考慮到自己，這真的很糟糕，抱歉啊。」她幽默的說：「真的，你也還年輕，不要只想著賺錢，卻忘了客人啊。要是變成這種人呀，我就把你的頭剃光光。」

太太其實脾氣很好，雖然她還是反對在咖啡廳裡放遊戲機臺，不過工作之餘，我只要有空就會從小樽特地帶回新鮮鯡魚，或是日本最高級的夕張哈密瓜，給她當伴手禮，同樣每三天去理髮一次。

經過一個月以後，某天踏進美容院，太太對著我說：「昨天晚上我玩撲克牌輸給我老公了，所以就答應你放遊戲機，順便美容院這邊也放一臺吧！」給我令人振奮的好消息。

後來，咖啡廳共放了十臺遊戲機，每天營收超過五萬日圓。

3. 心機布局：別人有錯，你先低頭

當孩子說「喜歡這個」、「想要這個」時，許多媽媽都不會直接說「不行」，而是溫柔的反問：「喜歡嗎？」、「想要嗎？」此時，孩子因為被聆聽，會感到安心並展露笑容。

不過，我們也知道，就算東西真的拿到手，小孩子很快就會膩了。因為，孩子想要的其實不是物品，而是母親的聆聽與接納。我們的DNA都潛藏著這樣的渴望與本能——因**被傾聽而感到安心**，而這也正是**重複法**的作用所在。

銷售員也是如此。除了商品要符合客戶需求，還要讓他們保持心情愉快。就像前文提到的例子，銷售員必須把客戶的話重複一遍，來取得客戶的好感。

我還在經營鑽石映像時，有位新進社員每天早上九點半才來上班。他的個性爽朗活潑，待人和善，在公司不僅人緣非常好，工作也很認真，可說是無可挑剔，可惜唯一的缺點就是愛遲到。公司規定早上九點上班，但他一定都會晚個三十分鐘。

剛進公司的第一週，我還睜一隻眼閉一隻眼，但在其他員工面前，我實在沒辦法再放水。某天，他同樣九點半才進公司，於是我把他叫進社長室裡。

我問：「為什麼每天都會遲到三十分鐘？」他滿不在乎的回答：「我最喜歡富士電視臺的女主播小A了，每天早上如果沒有看她的節目，就無法上班。」

我用重複法，態度平穩的回應：「這樣啊，你喜歡那個小A啊。每天早上都得看到她才能開始工作，是嗎？」

「是的，看到她上電視，是我人生最重要的事！」他滿懷熱情，彷彿在告白一樣。看來，對他而言，小A是比女友更重要、無可取代的存在。

我說：「人生最重要的事，是嗎？我知道了，謝謝你，讓我上了一課。」接著，便請他回到自己的位置上。

之後，我再也沒有為這件事責備過他。雖然他每天還是會遲到個三十分鐘，但工作從不馬虎；他的表現更是讓業務上的往來客戶讚譽有加，做出了前所未有的亮眼業績。

平易近人的個性，也讓他成為公司的人氣王。因為他很會唱歌，歌聲甚至媲美資深歌手，所以每週公司都會為此舉辦卡拉ＯＫ大會。因此，他也算是對公司的人際關係有所貢獻。如果當時我劈頭就罵，或裝作沒看到這件事，或許就會失去他這樣的人才。

別人有錯，但你不一定要說

這是我還在賣成人雜誌時期的故事。當時，我把成人雜誌的發售日定為每月有「五」的日期：五日、十五日、二十五日。發售日前一天，向全國鋪貨業者收訂單，然後在發售日當天一口氣出貨。

然而，有一次，某間橫濱的業者客訴我們：「發售日的兩天前，我在書店看到你們的書上架了，這是怎麼一回事？」他大發雷霆，認為客源被搶了。

就在我們認為這種事不可能發生並據理力爭時，他說：「事實勝於雄辯，我直接到那間書店買給你看。」幾個小時後，他當真從橫濱飛車帶來三本雜誌。我看了大吃一驚，因為這三本都是我們公司的書，預定兩天後才會發售。

雖然我心中滿是疑問，但還是得揪出犯人。我馬上想到某間印刷公司的董事長，他是二戰前大日本帝國陸軍的倖存者，曾在戰場上遭敵方連開三槍、貫穿身體，所以時常向我們炫耀他的傷痕，是位性格頑固的老頭。

我趕緊前往印刷公司，亮出作為證據的成人雜誌，追問董事長：「這是什麼意思？」但對方仍一派悠閒的抽著菸，輕聲說道：「老人家可不是好欺負的！」

別說要他認錯，這老頭還對我說起教來，可是對這種乖僻老頭破口大罵也沒有什麼用。當時，我覺得把話說開，叫對方不要再犯同樣的錯才是上策。

因此，我首先放低姿態說：「這的確像在欺負老人呢……。」雖然我氣得快七竅生煙，但除了這位董事長的印刷廠以外，沒有其他家業者願意印成人雜誌也是事實。

「沒錯，你遲早也會變成像我這樣的老頭。逮著沒多少年可活的老頭子欺負，以後不會有好下場的。」他語帶責備的說。

我用重複法，平穩的說：「您說得沒錯，我有天也會像董事長這樣老去，實在不該對老人這麼失禮。」

董事長接著說：「一次，就這一次。我不會再容許私下偷賣這種事了，你放心。」一副犯人另有其人的口吻。這也不難理解，畢竟董事長有自己的尊嚴，不能坦率的承認就是自己的錯。

之後，就如董事長所言，再也沒發生發售日前有店家偷跑的情況了。咬緊牙關，用重複法說出的那句：「這的確像在欺負老人呢……。」不僅讓董事長有臺階下，也救了我。

4. 用小細節拉攏人心，我免坐三百七十年牢

我曾在美國夏威夷與同行的十五位工作人員被逮進牢裡；一九八六年十二月，我們因違反護照相關法規與《曼恩法》（禁止以賣淫等不道德目的販運婦女）等罪名遭到逮捕（行動代號「虎、虎、虎」，此事件之來龍去脈，請參考第一九五至一九六頁；作者因在珍珠港上空拍攝而被美軍逮捕）。

從審判到隔年八月才回國，共九個月，我在檀香山度過了一段羈押的日子。

我雖然在日本也有被逮捕的經驗（也就是前科犯），但十五人一起被逮倒是頭一次。「我們都很信任導演，但為什麼非得耗在這裡跟您一起打官司？」當時工作夥伴的不滿全炮轟在我身上。

我在法庭上被求處三百七十年監禁，然而據我方辯護律師顧問的探聽，工作

人員頂多只會受到驅逐出境的處分。他們大可不必緊張，等到審判結果下來就能回國。

但是，這十五位工作人員並非都是我公司旗下的員工，還包括外聘的化妝師、造型師、攝影師與男優等，因此每個人都是各懷心思。

我為了消除每個人的不滿，每天都會花時間與他們溝通，並詢問「**希望我做什麼**」或「**你想要做什麼**」等。

有人說，想要與戀人見面，我便用重複法回答：「戀人嗎？一定都會想念的吧！」於是，我安排機票讓他的戀人飛來看他，費用當然由我自掏腰包；也有人要求「我想換新駕照」，我同樣用重複法，予以同理：「駕照過期了很麻煩呢！」並幫他在檀香山的法院（按：美國夏威夷聯邦地區法院）聲請暫時歸國的許可，以便讓他回日本換發新照。

此外，羈押期間，我仍然支付薪水給所有被逮捕的工作人員，同時也向外包的工作人員保證滯留期間他們應有的酬勞。

其中，有位孝子想趁此機會帶養病中的雙親到夏威夷旅行。我照樣用重複法說：「雙親都在養病，你就好好為他們盡孝吧！」除了安排機票，還把在夏威夷觀光的旅費當成紅利送給他。

無論如何，我都不能讓這十五人的團隊分崩離析，一定要打贏官司回日本。為此，我需要忍耐與寬容，以及不斷的運用重複法。

結果，法院的判決下來——十五個人都無罪，而我則必須支付兩千八百萬日圓的罰金。加上律師費五千萬日圓、待在夏威夷的費用約兩千五百萬日圓，總共花了一億多日圓才回到日本。

若我當時沒耐著性子用重複法與人溝通，或許現在我還在美國的牢裡蹲著也說不定。

在我經營鑽石映像，同時兼任導演、男優的時候，有一天，某位專屬女優戴上了單眼罩。女優這份工作就是賣臉，我驚訝的問：「怎麼了？」她則回答：「我爸爸得知我拍AV，把我揍了一頓。」

芝麻綠豆小事，最能拉攏人心

我鸚鵡學舌般的回問：「妳被妳爸爸揍了嗎？」不過心中忿忿不平，心想怎麼會有父親狠心毆打這樣可愛的女兒，而且還是打在那麼重要的臉上。

「真替妳難過，我真的很抱歉。」我誠懇的說出道歉的字句，畢竟是我說服她成為ＡＶ女優的。

「請您別在意，這不是誰的錯，錯的只有我。」真是位堅強又替父親著想的女兒。

「妳別這麼想，我也有錯。」我用重複法安慰她。

「對不起導演，讓您擔心了。」她靠在我的胸前哭泣，身上甘甜的香水味撲鼻而來，如此惹人憐愛，讓我抱得更緊了。

兩個星期後，我又在辦公室碰見她。但這次跟之前相反，是另外一隻眼睛戴著眼罩。

我驚慌的問：「怎麼了，又被令尊打了嗎？」然而，她只是含淚低頭說：「對不起。」

我下意識的用重複法說：「別說什麼對不起，我才該向妳道歉。」

但是我內心氣炸了：「死老頭，就算是親生父親，又怎麼能在女兒臉上痛打兩次。」

她又靠在我的胸前哭泣。聞著她身上與平時無異的甘甜香氣，我氣得想去找她的父親理論，再怎麼說這也太過分了。

我火冒三丈的衝出辦公室，不過隨後有一名女化妝師急急忙忙追了上來。

「導演，那是為了遮掩她眼瞼整型所戴的眼罩啦！」

結果，真相只是一件芝麻綠豆大的小事。化妝師對著呆若木雞的我說：「不過她很感激導演喔。她說，導演真的很相信她，第一次有人為了她這麼生氣，她會一輩子跟隨你。」

這還真是歪打正著。這名女優後來對工作更有熱忱了，成為無懈可擊的當紅明星，幾乎每部作品都有一億日圓以上的銷售額。

雖然重複法有點像錄音機的功能，再播放一次對方的話，但其實說服的效果真的非常顯著。

第四章

用實例，
讓人人安心掏錢

1. 客戶間也有競爭心態，不想比別人差

客戶在聽完銷售員的說明以後，心中往往會浮現各種疑問，譬如「這個產品到底適不適合自己」、「會不會太貴」以及「這個銷售員是不是在騙人」等。而**以其他客人的相同疑問，來消除對方心中的疑慮**，就是**實例法**的功用。藉由具體的例子，不僅能夠增加說服力，還能讓對方感到親近與安心。對銷售員而言，這可能是最為有效的話術。

很多電視廣告都會邀請大牌明星代言並分享使用心得，例如「我使用後就能○○」或「我喜歡○○」。雖然觀眾起初半信半疑，但另一方面又常被廣告洗腦，進而買下產品。對於房子或車等高價商品，也可能僅因為名人的推薦而產生興趣，使消費欲受到刺激，由此可見實例法的效用。

過去我在推銷英語教材時，在最後的簽約階段，我就經常使用實例法。我的實例法，說穿了，就是之前已簽約的客戶。我將一百份契約拷貝下來並整理在文件夾中，隨時放在手提包。雖然重量很重，但隨時都能派上用場。

在這個文件夾，我順手整理了之前的簽約資料，各客戶的行業、年齡、性別、月收一覽無遺。這份資料就像水戶黃門的三葉葵印籠，只要亮出來就能發揮絕大威力（按：水戶黃門為日本江戶時代的故事，德川光圀第二代藩主，因曾任黄門官，所以又稱為水戶黄門；三葉葵紋為德川家康之家徽，在當時具有相當的威力，連貪官汙吏、地痞無賴都聞之喪膽）。

譬如曾有公務員跟我說：「我不需要」，於是我秀出國家公務員、市公所職員等客人的契約備份。

「這位客戶比您還大十歲，目前三十七歲，在市公所服務。他曾對我說『到了這個年紀才終於想學英語』，因為他覺得現在是國際化時代，為了人數越來越多的外國定居者，若說不了幾句英語，實在沒辦法為市民服務。」

同時我也介紹其他公務員客戶的契約。這位客戶緊盯著這些契約，最後答應：「那我也來試試看好了。」終於在契約上一一簽名。看到他人的契約，不只能讓對方感到安心，同時也會燃起較勁心態。

當然，現在有了《個人資料保護法》，業務員已無法再拿契約備份給其他顧客參考，不過只要告訴對方也有同樣職業或學歷的人簽約，仍有一定的效果。其中最有效的，便是親朋好友的介紹。

現在還有誰寫信？業務員真心不騙的招術

以前，對簽下契約的客戶，我一定會親筆寫封感謝信。我的字並不特別好看，但我會將感謝之情一字一句寫在紙上。而且不論工作再疲累，一定都會在當天完成。寫一封信要花三十分鐘，若當天簽了四個人，我晚上就得用上兩個小時來寫信。

信件一開始，我會寫「非常感謝您今日給予我寶貴的時間。我深信本次向您介紹的英語百科全書及會話教材，必定能幫助〇〇先生／小姐您在接下來的國際化社會，擁有更多競爭力。」等常用文字，但我會注意避免讓每封感謝信看起來都大同小異。

因此，我也會寫到自己對客戶的第一印象，與談話中最深刻的話題；若我喜歡客戶的髮型或服裝品味等，也會直接告訴對方。我認為這樣才能寫出親切又有人情味的信件，而非千篇一律的商業郵件。

此外，這封感謝信也能有效克服七天鑑賞期（按：根據臺灣《消保法》規定，合約有七天審閱期）的魔咒，與我簽約的客戶幾乎不曾解約。最大的原因或許就是這封誠懇的感謝信吧！

令我感動的是，客戶有時也會回信，大概每十位就有兩位回信。內容多為「謝謝你給我這個機會，讓我開始想要積極學習英語會話」等，身為銷售員，我想沒有比這更令人開心的事了！更重要的是，我可以帶著這些信到銷售現場，以實例法再介紹給其他客戶。

銷售這份工作的困難之處在於，我們難以向第一次見面的客戶證明自己的誠意，但這些「來自客戶的感謝信」正是最佳的保證。甚至有些人讀過信件，立刻就決定簽約，加入成為學英語的夥伴。

在銷售現場，除了要說什麼，要做什麼同樣重要。在這層意義上，實例法能發揮最強大的力量。

2. 一張照片、一通電話，90%的人都跟你買

除了我行我素、離經叛道的人之外，大多數人都希望與他人相同；穿著或想法跟別人一樣，這樣才能感到放心。相反的，若與他人不同，則會感到不安。人類就是這樣喜愛一致性又保守的動物。

從前UNIQLO（優衣庫）給人廉價成衣的印象，但後來經品牌行銷，已搖身一變成為大眾潮牌。就連那些本來不買UNIQLO的年輕人，最後也成了主要顧客群，使UNIQLO有了飛躍性的成長。

路易威登（LOUIS VUITTON）的皮包與巴寶莉（Burberry）的圍巾之所以長銷，也是基於「**不跟大家一樣就感到焦慮**」**的消費心態**。對業務員而言，沒有不加以運用的理由。舉出其他的實際案例，告訴客戶你的商品廣受大家喜愛，更

有機會說服對方。

我還在推銷英語百科全書時，曾用實例法使出殺手鐧。當我與客戶對話陷入膠著時，我會直接在對方面前，**打電話給曾簽過約的客戶**，請電話那頭的客戶分享購買後的感想。

由於多數顧客都是社會人士，所以我沒辦法隨意致電，以免打擾對方工作。這時我通常會打給一位壽司店店長，我是他店裡的常客。這可不是暗樁或造假，因為店長確實也是我的客戶。

我向店長解釋來龍去脈，並請他與客戶交談。客戶一開始雖然會客氣的推託，但最後還是會問一下使用心得，以及是否會後悔等相當直接的問題。當然，我一開始也都會請客戶盡量提問。不過，由於老顧客具有極大的影響力，因此通話結束後，幾乎所有人都會直接跟我簽約。

請容我不厭其煩的說，這件事沒有作假，若真要說哪裡有問題，只有我是那間壽司店的常客而已。我僅是看中店長和藹可親的性格，請他協助我罷了。對於將來想去美國開壽司店的店長來說，英語會話是切身的問題，我當初不過是從旁說明英語的必要性而已。

讓素人一脫成名的祕訣

我曾在中國推展日本娛樂圈的人才媒合事業，而在商務現場中，我常運用智慧型手機的功能。具體來說，我會在手機內留下與有力人士或契約者的合照，然後在關鍵時刻秀給別人看。

其中，和大人物握手的合照，是最具公信力的武器。在國外，尤其是在中國的商務場合特別明顯。**照片遠比說話有力，算是另一種的實例法**。

說服女性拍ＡＶ時，我也曾借用照片的力量。對於擔心不想被父母、朋友或男友知道自己在拍ＡＶ的女性，我會讓她看知名ＡＶ女優化妝前後的對比照片，而她們看到化妝前後判若兩人的臉，往往會驚訝不已。

接著，我便說服她們：「您也可以藉由化妝變成另一個人，完全不用擔心。」女性讀者想必都能理解，化妝是能讓女性變身的絕佳利器。

我也曾將與女優們私底下的合照拿給對方看。資料夾裡有數百張照片，除了AV女優以外，還有人氣偶像或當紅女星等。透過照片，能讓對方了解我一路以來的工作成果，並藉此取得對方的信任。

對於煩惱胸部太小而沒自信的女性，我就讓她看貧乳女優的照片。女性的煩惱百百種，像是太胖、太瘦、太高、太矮、皮膚太黑、太白等。在他人眼裡看來雞毛蒜皮的小事，對當事者來說卻是天大的苦惱。此時，比起一百句空話，簡單的一張照片更具有說服力。

「妳看這位當紅女優，雖然她也是單眼皮，但單眼皮給人冷豔的感覺也很有魅力，所以您也不需要太在意自己的單眼皮，這樣就是最好看的了！」我只是心平氣和的向某位女性這麼說，她不禁點頭附和。

就像以前人所說的，「美醜沒得比，合意卡慘死」，雖然每個人對美的標準不一，女性的美倒也是因人而異。不曉得這個例子是否能讓各位女性讀者了解每位女性都有自己獨一無二的美，而開始對自己有自信了呢？

對照片的功用感到質疑的人，請看看國外的香菸包裝（按：日本香菸包裝並無印有患部照片），可以看到上面印有吸菸者罹患肺癌後的患部照片。與其花時間說服吸菸者不要吸菸，這種警示方式一目瞭然，更具說服力。

此外，還有許多無須使用言語的實例法。在說服女性拍ＡＶ時，基本上我都會邀請她們到公司的會客室商量。會客室裡，除了有一臺白色平臺鋼琴，還擺放了華麗優雅的洛可可風格家具；天花板則懸吊一只豪華的吊燈，打造出充滿異國風情的空間。

當女性賓客入坐以後，當紅ＡＶ女優兼電視藝人的黑木香會端上溼毛巾，隨後以巨乳聞名的松坂季實子，則會將冷開水送到桌上。接著，前日本小姐東京代表的卑彌呼送來咖啡、曾演過ＮＨＫ連續劇的前偶像櫻樹露依送上蛋糕，最後所有人一起笑容滿面的向賓客打完招呼，走出會客室。

對這位女性來說，眼前全都是曾上過電視或週刊的名人。許多女性這時終於才會意過來，這就是她們往後即將走上的路，因而燃起心中的競爭意識，對我說出：「我會加油的。」這也是一種實例法。

順帶一提，我也曾請頂尖ＡＶ女優沙羅樹的父親擔任公司的專務。若有女性擔心雙親會反對，我就會請他以父親的立場，述說女兒成為ＡＶ女優以後的心境。最後，許多女性都被這位深愛女兒的父親所說的：「我尊重女兒選擇的人生」給打動，並決定拍ＡＶ。

如果還有女性猶豫不決，我會請她直接與公司內幾位著名ＡＶ女優談話。我暫且離席，讓當事者向女優們傾訴內心的不安及共同商量未來的道路。

常有人問我：「為什麼你總是能讓從未在鏡頭前寬衣解帶的素人，輕而易舉的答應演出？」其實我只是用實例法消除素人們的煩惱與不安罷了——爾後鑽石映像成為市占率三五％的ＡＶ業界龍頭老大。

3. 你自己就是最好的例子

鑽石映像時期，公司擁有三棟總價超過十億日圓的大樓，以及配有直升機停機坪的郵輪、勞斯萊斯（Rolls-Royce，約一億日圓）、粉紅鑽石（三億日圓）等，可謂是奢華至極。

我的夢想是用鈔票把薪資袋塞滿，當成獎金付給員工，實際上確實也有幾位主要工作人員收過五百萬日圓以上的獎金。拜此所賜，即使公司後來破產，他們也不用跟著我跑路，能夠拿存款再設立一間新的AV片商，或是開錄影帶出租店。即便是想改行的人，在待業期也不愁吃穿。

為什麼我要給員工這麼優渥的環境？其實，那並非是為了滿足自己的虛榮心，而是因為這些錢是對下一代優秀人才的投資。

若我自身不足以讓後進憧憬「自己也想像村西導演一樣，過著富裕又不缺女人的生活」，那我就無法招募到既有為又能幹的人才。

做愛跟吃拉麵、吃納豆一樣，任何人都在做、都能做。要將這件事昇華成工作，若無法招募到具有非凡才能的人，別說ＡＶ界，自己的公司能撐多久都不知道。不過，在那段紙醉金迷的日子中，我心中其實常有股強烈的危機感。

為此，我認為，把自己當作活招牌就是最好的實例法。於是，我依媒體需求上節目，澈底公開自己豪奢的生活——帶著專屬女優陪侍我，得意洋洋的賣弄酒池肉林的世界，並強調在ＡＶ界工作的樂趣、優點、意義。我自己正是整個業界的門面。

如此一來，ＡＶ界原本啟人疑竇、地下產業的負面觀感終於得以消解，於是優秀的人才紛紛投入業界，前所未有的優質演員們也加入業界的行列。

實例法中，還有一個不完全倚賴說話的好例子，那就是以電視購物知名的「Japanet Takata」。這家公司除了產品本身外，還向觀眾直接示範如何在生活中實際運用產品，讓顧客去想像在自家使用的情境，自然的激發出購買欲。

和一樣條件的人比較，才能激勵自己

如同前述，我曾住院接受長達十二個小時的手術。手術前，醫師告知我的生命只剩下一週，讓我差點失去活下去的信心。最後拯救我的，是為我進行復健的物理治療師。

當時，我虛弱得連走路都有困難，只能依賴輪椅出入病房與復健室。負責照顧我的物理治療師，據說之前已治好幾位相同症狀的病患。

他推著我的輪椅，舉出好幾位患者康復的實際例子。譬如「比您年長五歲的A先生症狀更嚴重，但復健後恢復速度快得驚人，一下子就出院了」，或是「比您年長十歲的B先生，從任何醫生都束手無策的絕望谷底中，毫不氣餒的每天持續復健，兩個月後就恢復健康，還能靠自己的雙腳走出醫院」。

有次回房時，他沒有帶我立刻回到五樓的病房，而是坐電梯到四樓。出電梯後，他只是悄悄的說：「這層住的是重度癌症病患。」就推著我走過寧靜的走廊，繞了一圈才回到五樓。

他沒有多說一句便離開病房，但我知道他的意思：「明明還有許多人比您更痛苦，卻依然奮力與死神拔河，請別因為這點程度的難關就感到氣餒了！」他用他的方式為我加油打氣。

我這時才體悟到人生是比上不足，比下有餘；不再帶著半吊子的心態，下定決心好好復健。原本預計住院三個月，但不到五十天，我便出院了。

我的姊夫在正值事業最高峰的六十歲遭逢事故，脊椎受到嚴重損傷，之後只能靠輪椅度日。雖然姊夫曾想過要自殺，但一位住在同一間病房的滑雪選手拯救了他。

這位青年才三十歲，在練習時從空中仰頭摔下，造成頸部嚴重骨折。雖然緊急手術後撿回一命，但脖子以下再也無法動彈。縱然如此，他仍積極樂觀的活下去。據說姊夫看著他嘴咬棒子，練習敲打電腦鍵盤的模樣，因受到鞭策在心中痛罵自己：「我怎能像個孩子般如此任性！」

這也是非常高竿的實例法，沒有比親眼見證的經歷更有說服力的了！

4. 讓別人一直欠你人情，好辦事

我想各位都已經了解到，實例法是說服對方的必勝法。在販售成人雜誌時期，我也曾應用在前來取締的警察身上。

接受警方幾次偵訊後，我與負責案件的刑警頗談得來，他們常跟我說：「找天一起吃頓飯吧！」刑警的目的是從我身上獲得調查情報，而我則是想探聽警察機關的調查狀況。我們就像狐群狗黨，有時會在夜晚的繁華街見面。畢竟我這個偵查對象犯的不是殺人罪，所以我想刑警們應該也沒這麼大的壓力。當時，還是個充滿熱血刑警魂的時代。

從現在來看，實在難以想像，警方與嫌疑犯會一起吃飯，但過去其實很多時候是不入虎穴焉得虎子，否則警方在偵查時很難掌握破案關鍵。與我交手過的刑警們都是為了探聽情報，才與犯人有所來往，甚至湊在一起喝酒談天。

不過，付帳的永遠都是我這個偵查對象，畢竟我們賺的錢有落差，這是理所當然的。刑警們形式上會拿出皮包，做做樣子說要平攤，不過一旦我說：「今晚我付就好！」他們就回說：「那下次我來付吧！」然後默默的把皮夾收起來，然而只要繼續來往，每次都一定有這句：「那下次我來付吧！」

不過，有些刑警會要求平攤，這個時候我會運用實例法，悄悄在對方耳邊說：「上禮拜六跟○○喝的時候，也是我付的，讓我做個面子吧。」

他聽到同事的名字瞬間愣了一下，但此時已經是在大快朵頤之後了，他也只能勉強答應我的請求。

像這樣的情報交換，每個月要花掉我五百萬至六百萬日圓。當時警視廳負責調查情色書刊的單位有四個，這些錢就是為了與所有單位的刑警順利交換情報。

當然，偵辦案件的相關人員從未因此洩漏風聲，而我只是從中加以剖析並採取對策，以避免被逮捕而已。

第五章

充耳不聞，
我的「輸了才叫贏」話術

1. 反對意見有時是在試探你

客戶可以用各式各樣的理由說「NO」，但銷售員不能每一句話都予以反駁。因為，銷售不是在辯論，也不是法庭上的攻防。當自己的意見被直接否定、批判，好勝心就容易燃起。若到這地步，客戶別說是聽產品的說明了，往往只會讓對話陷入爭論。

為了成為最後真正的贏家，銷售員有時必須有粉身碎骨也在所不辭的覺悟，然而，只是一味的反駁客戶，對銷售員來說可是沒有半點好處。唯有贏得對方的好感，才能取得甜美的果實（契約）。

因此，**不論任何時候，都不應與客戶起爭執**。若客戶作勢要爭論，那就四兩撥千金、避重就輕，將話題拉回自己的步調，這就是充耳不聞法。也可以說，這是一種「輸了才叫贏」的話術。

法國哲學家伏爾泰（Voltaire）對人類有過以下觀察。

「你是否認為人類向來就喜歡欺騙、狡猾、虛偽、忘恩負義、邪惡、懦弱、見異思遷、卑鄙、善妒、貪食狂飲、吝嗇、野心、殘忍、背後中傷、放蕩、迷信、偽善和愚蠢？」

「你是否相信？」馬丁說，「老鷹只要抓得到鴿子，向來就吃鴿子？」（摘自《憨第德》[4]光文社古典新譯文庫）

如同老鷹的本質不會變，人類也同樣並非聖人君子，只是普通人而已。請各位銘記在心——所謂銷售，就是與這些普通人面對面溝通。從這個角度接受客人

4　一七五九年，法國哲學家伏爾泰所著的諷刺小說。

的拒絕，突破其心防，便是充耳不聞法的作用所在。

然而，使用充耳不聞法時，必須小心不能擺出無所謂的態度來傷害客戶的尊嚴，讓他們覺得「被無視」、「把我當白痴」、「被騙得團團轉」。銷售員要不時的認同客人是「正確的」、「美好的」及「厲害的」，而且毫不保留的稱讚對方。

之所以這麼做，就如同前面提到的，人們都不喜歡聽客套話，而是打從心底的稱讚。換句話說，若銷售員無法放下身段，那麼充耳不聞法不過就是自視甚高罷了。

無論與什麼類型的人交談，都要謙虛待人，就像有句話說：「上帝將你關閉一扇門的時候，必將為你打開一扇窗。」唯有將謙虛當成後盾，充耳不聞法才能發揮真正的價值。反之，如果銷售員欠缺修養，光靠應酬話術是難以進步的。

不過，銷售倒是可以修煉人性的工作。透過工作來鍛鍊自己，我想沒有比業務員更有意義的職業了。在這之中，充耳不聞法就是銷售員很好的磨練機會，因為很多人雖然善於言談及聆聽，卻不一定會運用充耳不聞法。

不爭論，反而掌控全局

當我還在推銷英語百科全書時，晚上會到企業的單身宿舍推銷商品。這種方式雖然可以一口氣向許多人推銷，但也包含著說錯一句話，就可能造成無法收拾的風險。

有一天，我拜訪了某間上市企業的男子宿舍，請宿舍員工於晚餐後在員工餐廳集合，約有十人。之後，一個小時的說明雖然順利結束了，不過或許是我說得太過激動熱情，有幾位竟然熱淚盈眶。從過去的經驗中，我推估大概會有三、四位願意簽約。接著，我發契約下去。

就在這時候，某位最年長的男性潑了我一大盆冷水：「要會說英語，美國的乞丐都會啊！光會英文也沒有什麼路用啦！」他似乎是宿舍裡舉足輕重的人物，贊同他的聲音此起彼落。

但如果這時我怒形於色、反駁他，不僅會傷了對方面子，可想而知的是，狀況也會變得更糟糕，所以我只是保持笑容、當沒聽到。

他緊接著說：「想學英語的話，還是看電影學、直接說最好。光靠教材學不到什麼」，或是「學英語還要花錢，倒不如直接跟外國女人談戀愛還比較快」等，開始闡述一些頗有道理的意見。他對自己的英語能力很有自信，似乎也曾到國外留過學。

此時的風向已明顯倒往他那邊，這是測驗我耐性的時候了。我臉上仍然掛著笑容，對這位男性恭敬的鞠躬。

男性見此接著說：「不過，如果沒這種機會，你們大概也不會想學英語……。」反過來推薦其他人簽約，甚至成為某位客戶的保證人。我通過了他的「測試」，在那天晚上拿下四份契約。

笑容與附和，陪客戶「演戲」

這同樣也是推銷員時期的事。我有位客戶是二十五歲的ＯＬ，簽約後她很樂意幫我介紹其他女性顧客，最後還成功拉到四位客戶簽約。這位客戶是我一生感激不盡的貴人。

一般來說，就算介紹朋友給對方認識，但本人通常不會參與洽談，但她不同，她身為介紹人一定會出席。

當我結束商品說明後，再來就是她的個人舞臺。她會開始勸朋友最好要學英語，而且由於她對朋友們各自的工作與家庭背景瞭若指掌，所以話題內容自然對症下藥，相當具說服力，輕而易舉的就促成多份契約。

這全歸功於她與朋友間長年累積的信任。話說回來，她的溝通能力著實令人欽佩。當她代替我推銷時，女性客戶偶爾會提出反駁，這時我的角色就是一派輕鬆的保持微笑，並且運用充耳不聞法來應對。

但是有個難處，她的興趣是日本箏（按：日本傳統音樂中重要的樂器，一般認為源自於中國的古箏），而且還是獲得名號的高手，才不過二十多歲的年紀，便每天請多位弟子到家中教學。然後，每個月都會舉辦一次發表會。

令我困擾的正是發表會，因為每一次我一定都會收到邀請函，而且還是舞臺正前方的貴賓席。慚愧的是，我對什麼古箏一點興趣也沒有，長達四、五個小時的發表會對我來說，十分難熬。

當發表會到了最後的壓軸，她穿著高價華美的和服登場，我的睡意也來到了最高點，常常都在打瞌睡。當公演結束後，她會請我到慶功宴露個面，我也是硬著頭皮、興味索然的去參加她與弟子及粉絲們的談話，聊些我根本不懂的古琴古箏。幸好有充耳不聞法，讓我可以只是笑笑附和幾聲，順利熬過這段期間。

2. 我這樣說服演技派女星拍真槍實彈ＡＶ

過去有位叫小田薰的女演員，貌美如花的她曾參選過日本小姐，在一九八〇年代以日活羅曼情慾電影風靡一時。

後來，日活羅曼情慾電影衰退，迎接而來的是ＡＶ時代。我從以前就是小田薰的粉絲，無論如何都希望她能參與ＡＶ的演出，因此透過管道與她聯絡。之後，我有幸與她兩人單獨在東京某間飯店的房間會談。

然而，她並不是因為有興趣，才來飯店與我見面的，只是想當面問清楚合作內容。她說，畢竟有導演對她抱持好意，既然機會難得就來聊聊，本打算拒絕的。再怎麼說，拍ＡＶ都是真槍實彈，對於已在電視節目及戲劇上獲得成功的她來說，根本荒謬至極。

小田一坐上沙發，便表明拒絕：「恕我無禮，我並不打算拍ＡＶ。」

女演員跟一般藝人不同，若沒有強烈的自我意識便無法勝任這份工作。不論當下氛圍如何，她們都不會被別人牽著鼻子走，屬於比較剛強的性格。個性過於溫吞的話，畢竟較難詮釋另一種性格的角色。好的演員心中，都有一塊堅強、旁人無法動搖的自我領域。

她也不例外。此時，她毫不掩飾，直衝著我而來。我認為此時此刻否定對方的立場並非上策，所以使用了充耳不聞法。

「ＡＶ要真的做，而不是靠演技，這對我一名演員來說做不來。」她提出意見，我只是附和「沒錯」，然後小心的回擊：「不過，只要是在鏡頭前，就需要演技。」

她這部「我是一名演員」的獨角戲足足持續了一個小時。最後不曉得是否把內心所有想法都吐出來了，她反倒露出滿足的表情。

一陣沉默過後，她開口詢問：「如果要我參加演出，那男優是誰？」我盯著她的眼睛，立刻回答：「就是我。」她臉紅到了脖子。

就這樣，她震撼演藝圈「真槍實彈」的ＡＶ作品終於問世。

3. 當別人憤怒，充耳不聞才是高手

「是有些人把腎臟賣了拿去還債啦……。」從銀行分行經理的口中，客氣的吐出令人害怕的字句。這個男人到前一陣子還會雙手趴在桌上低頭，阿諛奉承的說：「導演您公司的欠款能否全部整合到本行來呢？這麼一來，我們會依照您希望的金額為您增設融資額度。」

一九九一年，我投資衛星電視失敗，資金周轉不靈，原本順利的還款計畫澈底亂套，無法如期還款。而這個男人聽聞此事便馬上翻臉，向我提出「賣腎臟」的建議。

站在分行經理的立場，一想到會多出近二十億日圓的呆帳，想必也是輾轉難眠吧。錯的是我，在經營上判斷錯誤，給好不容易幫我們融資的銀行造成麻煩，所以無論對方怎麼說，我都沒有辯解的餘地。

「大家好像稱你『ＡＶ帝王』，可要我來說應該叫『詐欺帝王』才對吧！」分行經理踢了桌子一腳，噴飛的茶杯打到我的胸口，上衣被潑得全溼。

他身旁帶著兩名部下。基於分行經理的職責，他不得不做給部下看。平常若碰到這等對待，我不可能默不吭聲，但「破產」這兩個字突然閃過我的腦海：要是在這裡惹怒這個男人，逼他隔天收走本票可就完了。話雖如此，我也不想上演跪下來求饒的三流戲碼。

我明白這男人的目的是逼我在部下面前道歉，來突顯他究竟有多憤怒。為此，我覺得與其哭著乞求原諒，讓事情早點結束，不如讓他吼個一小時、兩小時才是上策。

「我說了這麼多，你全當耳邊風嗎？你腦袋到底裝什麼東西啊？你這傢伙還是人嗎？」他的情緒越加高昂。此時我看了看時鐘，下午三點，這男人來公司已經過了三個小時。

最後，男人支開部下，辦公室內只剩我與他兩人。他悄聲說：「我已經做好最壞的打算了，你自己加油吧！」轉身離開前向我握了手。他的握手有力又溫暖，原來分行經理是個充滿溫暖的人。我的心中泫然欲泣。

如何面對別人的強力反對？

某一天，有通電話把我叫出去，電話那頭是某位青年的父親。這位二十歲的青年在幾天前與我簽了約。父親說：「雖然我兒子跟你簽了約，但他沒問過父母的意見，所以我想解約，請你來一趟。」

青年在父親經營的豆腐店幫忙，假日出門看電影時在街上被我搭訕，然後在咖啡廳聽了英語百科全書與會話教材的說明。「將來我想到世界各國攝影，這是我的興趣，所以我想學英語。」他透露未來的野心，並與我簽約。

「從來沒有銷售員對我這種人推薦英語教材，真是謝謝您！」青年相當純樸，坦率的向我表示感謝。我將契約交給他，請他父親做保證人，沒想到就打來這通電話。

一想到青年充滿幹勁的身影，心中不免有些遺憾。傍晚，我前去拜訪自家兼店面的豆腐店，青年與其父母已經在裡頭等候。

「你看也知道，我們家只是間豆腐店。說不定這世上有很多人該學英語，但想繼承我們家業完全沒必要啊！」父親劍拔弩張，一副想吵架的樣子。

我裝作沒聽見，問：「這間店是不是已經經營很久了呢？」

「我是第三代，我兒子之後是第四代！」父親說：「你也是做生意的就知道，別死皮賴臉淨幹些壞事！」他的態度始終強硬而粗暴。

在父親面前，青年只是可憐兮兮的縮在一旁，一語不發。

我無動於衷的繼續說：「您有位勤奮的兒子真是幸福呢！」卻換來罵聲：「他就是笨，賣豆腐的一輩子都只要想怎麼賣豆腐就好了。」這位父親實在相當頑固。

「你說這什麼話？」突然用高分貝插話的，是全程默不作聲的母親。

「難得兒子說想要學英語，天下哪有父母不支持孩子的。你不當保證人的話就算了，反正這間店有一半是我的，我也是經營者，我來當保證人就好。可以吧？推銷員先生。」

父親目瞪口呆的看著母親，大概他從來沒被妻子這麼猛烈的回嘴過吧！

「知道了啦，我當保證人就是了！」他從心疼兒子的母親手上，一把搶走契約，在保證人欄簽名。我的視線與青年對上，他那開心無比的表情成了我日後的勳章。

4. 讓對方自問自答，你等收割

在東京都內著名的高級住宅區裡，有棟雅緻的洋房。我按了玄關的門鈴，開門迎接的是位三十多歲的婦人。她彬彬有禮的問：「請問您哪位？」

我告訴她我是英語百科全書的推銷員：「給我一點時間就好，是否能聽我說明呢？」

「一下子的話沒關係。」她讓我進屋，並帶我走到客廳。客廳內有暖爐，洋溢著西方風格，看起來相當時髦。

我打開手提包，拿出各項資料與工具，想盡快開始說明。這時，女主人端來紅茶，優雅的放在桌上請我品嚐。她身上甜蜜的香水味讓我心中小鹿亂撞，但我仍佯裝鎮定開始說明，以免被她看出我動搖的樣子。

女主人聽完說明，皺著眉頭說：「有些太貴了。」有辦法住豪宅，很難相信區區二十萬日圓會讓她覺得太貴。我當沒聽到繼續問：「您府上有幾位小孩呢？」她回答：「一個國中男生，一個小學男生與女生，總共三個。」隨後，她說出心中的疑問：「這套教材真的能讓英語變好嗎？」

我沒有回答這個問題，反倒岔開話題：「人家說頭生女二生男，不過您這樣的家庭也很理想呢！」

她回話：「上面兩個男孩子很難帶，現在是叛逆期呢！我覺得還是生女兒好，溫柔又體貼。」她又接著闡述否定的意見：「可是母語都說不好了，還有時間學英語嗎？」

但女主人似乎口是心非，反而拿起資料仔細端詳；她並非沒有興趣，只是把腦中的疑問說出口，逐一仔細考量後再做決定。

面對這類型的客人，**講道理反駁沒有任何意義**，該做的是**幫對方保留自問自答的時間，不要焦急，慢慢等待**。

在這之後，我只是默默聽著女主人呢喃般的牢騷，等她整理好腦中的思緒，接著看準時機開口：「我能想像您與孩子們在這裡一起讀書的樣子呢！」她的腦海中似乎也浮現出家人一起學習英語的光景。「一開始我跟長子學，然後下面兩個孩子再重複利用這份教材，這樣就不會浪費了。三個人之中，要是有一個人愛上英語，那就很值得了呢！」她說完後與我簽了約。

也可以說，充耳不聞法是讓客戶自問自答，最後再推對方一把，找出答案的終極話術。

5. 客戶翻臉不認人？你要裝沒事

這是某間知名美容診所以前的事。我曾聽從某位女性的願望，把她送到四國某間著名的整型外科診所進行整型。

眼睛、鼻子、牙齒、胸部，總共七百萬日圓，費時一個月，住院期間的所有費用由我支付。她說，她打算整型後努力拍ＡＶ，所以我決定自掏腰包。

一個月後，她順利完成所有手術回到東京。如她所期待的，她脫胎換骨成了如花似玉的美女，而且因為肌膚本來就白，看起來就像娃娃般標緻美麗。我大為感動，一個月的等待終於有了回報，使我欣喜若狂。

「這週可以開始拍攝了吧？」我再次向她確認。

「您說什麼？什麼拍攝？」她吐出令人難以置信的話。

「妳說要拍ＡＶ，所以我才幫妳出了整型費啊！」我差點破口大罵，但還是忍了下來。我打算運用充耳不聞法。

「妳皮膚這麼細嫩，眼鼻挺立就像西方人一樣漂亮。」我大力稱讚，她臉上卻滑落斗大的淚珠：「太扯了，我看起來像是會拍ＡＶ的女生嗎？我絕對不允許！」聽到這番話，我才想講「太扯了」呢！

但繼續窮追猛打也沒好處，我忍住怒氣不回應她那句「我看起來像是會拍ＡＶ的女生嗎？」，繼續用充耳不聞法稱讚她：「妳太漂亮了，我連跟妳說話都會緊張呢！」

但她仍任性妄為並持續抵抗：「我絕對不會拍ＡＶ，要我演我寧願去死。整型費我以後會再努力工作還清的。」

即便如此，我還是不與她爭，只是毫無保留的稱讚：「妳真的很漂亮，我果然沒看錯人。」她最後終於妥協，親自指定了拍攝日期：「請您十天後再進行拍攝吧，因為我生理期兩、三天後就來了。」

拍攝本身很順利，她展示了熱情奔放的性愛，彷彿天生就是ＡＶ女優的料。她那羞澀又大膽的做愛場面，在ＡＶ粉絲之間獲得好評，轉眼間便成了當紅明星。在演出約十部作品後，她回到老巢銀座，搖身一變成為俱樂部的媽媽桑老闆，獲得空前的成功。

6. 少說多聽，才是占便宜

「上帝給我們兩隻耳朵，卻只給了一張嘴巴，其用意是要我們少說多聽。」——以上是一句西方諺語。但對於必須在有限時間內說明產品，並請客戶簽訂買賣契約的業務員來說，只靠聆聽就能簽到約簡直是天方夜譚。

人們喜歡說自己，而且往往會越說越興奮。但如果只有單方面聽對方說話，客戶的思緒就越來越難以動搖，最終將會主導對話，而充耳不聞法真正的作用便在於此。

我曾製作過世界第一片成人ＤＶＤ。當年我委託松下電器（Panasonic）工廠製造，但花了兩個月才完成。理論上，單面雙層的ＤＶＤ可以燒錄四小時十六分鐘的影像，但市面上還沒有這樣的產品，當時所有一流企業都在多方嘗試中。

當時，我深信ＤＶＤ的時代即將來到，於是籌措五億日圓，製作了五部長達四小時的ＤＶＤ作品。一段時日後，工廠終於將剛做好的ＤＶＤ送到公司來。我將ＤＶＤ帶去ＡＶ雜誌社，希望能獲得強力的宣傳。

熟識的總編將ＤＶＤ拿在手上，冷冷的回應我：「這東西賣不出去，導演你會栽跟頭的。」

但我有絕對的自信，ＤＶＤ的厚度只有錄影帶的十分之一，片長卻有兩倍以上，影像清晰鮮明，設計也時尚。因此，我始終相信ＤＶＤ遲早會擠下錄影帶成為主流。

我跟總編從成人雜誌時期就認識了，他的意見並非出於惡意，只是因為這本雜誌是業界最具影響力的，光是刊登在雜誌，影視專賣店的銷售成績就能大幅提升，所以我一定得說服他。

接下來，他花了一段時間講解為什麼ＤＶＤ時機尚未成熟。不愧是業界最具權威的雜誌總編，他舉出的理由確實不無道理，只是我認為他忽略了ＤＶＤ將會完全取代錄影帶的可能性。

我從容不迫的用充耳不聞法回答他：「是這樣嗎？」、「我懂你的意思。」、「我覺得有點不同！」大概過了三十分鐘，他結束單方面的講解後，開玩笑的說：「要是不聽導演的話可就遭殃了！」最後答應在雜誌上介紹我們的DVD。

下個月，我們DVD的相關報導大幅刊載在雜誌上，讓AV界一口氣躍進了DVD時代。

用兩千日圓，讓難搞部下拿出兩倍業績

以前我曾請其他銷售員買我的產品，名為《觀點與思維》的書籍。

當時，我還在北海道販售英語會話教材與錄音機套組；升上經理的時候，曾開著廂型車，帶著五、六名部下四處推銷。一般行程是週一早上從公司出發到北

海道各地，週五晚上回來，住宿則選擇各地的便宜旅館或青年旅館。由於飲食費用等各項經費都是自費，所以不能住太好。

我身為經理，就是要督促他們工作。然而，北海道冬天的氣溫低於零下二十度不過是稀鬆平常的事，因此很難要他們在這種環境下提著公事包四處跑推銷。推銷的第一天，甚至有不少人會直接翹班，行蹤成謎。

因此，我想到一個做法：徵收他們收入的一部分，捐給社會福利機構，讓他們感受到自己對社會有所貢獻。我向他們五個人建議，每人一週捐款的金額至少兩千日圓。

當然，這做法隨即引來強烈撻伐。「我們有繳稅金應該不用捐」、「兩千日圓對我來說是大筆的錢」、「讓業績好的人捐就好」、「不要捐錢，捐東西」、「有這筆錢的話，乾脆給父母」等，每個人各自提出強烈抗議。

「原來如此」、「雖然只有兩千日圓，確實也不是一筆小數目」、「希望大家整合意見一起行動」、「捐東西不錯，不過捐錢也好呀」、「孝順最重要了」……我沒有立即否定，只是採用充耳不聞法配合他們說話。

我抓準他們各自發表完意見的時機，再次建議：「就當作被我騙，你們就試一次看看吧！如果你們後來還是不能接受就算了。」

「反正只有一次。」所有人到最後都贊成，各自拿出了兩千日圓。我當場將所有錢塞入信封袋裡，並郵寄到當地的社福機構，捐款人則選擇匿名。

結果，效果相當顯著，原本對這份工作感到自卑的他們，因為知道自己可以為社會做出貢獻，所以後來都脫胎換骨般散發著自信。在此之前，他們可是只要吃了閉門羹就會馬上放棄，但現在都學會發揮不屈不撓的精神。

結束五天的推銷後，所有人都拿出兩倍以上的好成績，可說是「兩千日圓的奇蹟」。

第六章

我那不堪回首的魯蛇人生

1. 玩笑話和失言，只在一線之間

有時候，人生很可能因為一句話就澈底完蛋。或許各位很難相信，但這世上確實有人因此而失去性命。

這是成人雜誌時期的事了。有一次，當我搬運貨物時，在新宿的歌舞伎町碰見當地認識的流氓。這位流氓虧我：「最近混得不錯嘛！」忙昏頭的我開玩笑回了一句：「賺太多，賺到快起肖了。」

幾天後，當我從車上搬下成人雜誌時，那位流氓帶著兩個小弟走過來，突然掏出左輪手槍抵在我身上，將我綁架至附近的商務旅館。他們在密室裡向我勒索保護費：「賺到快起肖的話，也分我們一點嘛！」我整個人嚇得魂飛魄散。

就是因為說溜嘴「賺太多」才招致這次危機。幸好，我碰巧認識他的大哥，所以我從旅館房間打電話，請那位大哥過來才平安脫困。有了這次經驗，我也牢牢記住了——隨口說的一句話，真的會要人命。

再來，這是我在美國夏威夷被逮捕時的事。當時，我在歐胡島卡哈拉（Waialae-Kahala）的高級別墅區進行拍攝，結束工作時已接近深夜。就在此時，突然有五十多名健壯的男子破門而入。

他們手上各自拿著機關槍或斧頭，怒氣沖沖的衝進來，將包含我在內的十五名工作人員壓制在地上。他們的上衣分別標示著夏威夷州警察、檀香山警察、移民局、FBI（聯邦調查局）等字樣。

我被兩公尺高的壯漢壓在地上，太陽穴抵著一把點四五手槍（美軍的制式手槍）。他大吼：「Freeze!（不要動）」但我卻把 freeze 聽成 please（請），心想「這種時候還彬彬有禮的講『請』啊？」而不小心笑出聲來，接著我就聽見手槍保險打開的聲音。

因為在美國的成人影片拍攝片場，經常有人吸食大麻，被逮捕時也大多強烈反抗，所以這位壯漢才會對我們抱有如此高度的警戒心；他誤會我的笑，是吸毒者常見的那種發瘋的笑容。

只不過搞錯一個字的意思，差點就陷入無法轉圜的地步。本章將會介紹幾個應酬話術的具體失敗案例，告訴各位哪些話絕對不可以說。

五〇%的銷售員會失敗：因為話太多

請容我再提一遍，人們總是渴望得到他人的稱讚、認同，而且會不斷的要求別人理解自己。若銷售員不能掌握這種來自人類本能的欲望，只顧著說自己的利益得失，那當然就會失敗。

就好比，一群人去唱卡拉ＯＫ，如果從頭到尾都只有一個人霸占麥克風，那當然會搞到大家冷場；只有唱完一首，讓給下一個人唱，才能炒熱氣氛。銷售員只顧自己說話，就跟霸占麥克風是一樣的道理，想必客戶也不願跟這樣恣意妄為的人對話吧。

請將銷售員當成站在舞臺上的演員。戲劇本身就像商品說明，但由於沒有腳本，銷售員必須與客戶共同即興演出。換言之，銷售員的臨場反應很重要。

主角終歸是客戶，若客戶希望你演一齣悲劇，那就要演得更悲苦一點；若要求你演喜劇，那就要演得開心無比。在這場戲裡，沒有自說自話的角色，**銷售員必須與客戶你來我往，且同時滿足客人的心理**。最後戲劇在喝采中落幕，謝幕則是簽訂契約。所謂銷售，就是銷售員與客戶共同譜寫的一齣感人落淚的戲。這也是為何我們常說「銷售員是創造需求的藝術家」的緣故。

在某項調查中，**銷售員失敗的原因有五〇%在於「說太多話」**。一旦你急著要說服對方，就會變得喋喋不休、毫不顧及他人；如此一來，當然就是自掘墳墓，導致失敗。如果想成功說服人，就不能唱獨角戲。

客戶與銷售員相同，想的都是自己，沒時間跟不是家人也不是親戚，還無視自己、不斷說話的人打交道。

我曾到長野縣深山中某間被稱為「祕密基地」的旅館按摩，按摩師是位鬢毛很長、毛髮濃密的男士，不過跟外表相反，他的技巧細膩又超群。

他按摩肩膀、腰部、背部等每個部位時，都會問我：「哪裡覺得很緊呢？」再用恰到好處的力道按壓揉鬆。他並不執著於按摩理論，而是一邊詢問客人，一邊尋找關鍵部位，並用適當的力道仔細按摩——他的技巧正是銷售員所需的對話的精髓。

2. 我膽小到連殉情都失敗

言語是人類最強的武器，但有時候比暴力更可怕，可以澈底擊潰敵人。有些人明明沒有全力奔跑，只不過被對方在耳邊講些風涼話，血壓就馬上飆高、心跳加快，甚至因為呼吸急促而暈倒；明明沒有被毆打，卻流下感動的眼淚。有時候，一句話能傷人，甚至能殺人；即使手上沒有刀槍，人類的言語卻能成為凶器。

了解言語的力量後，有時會使人變得膽小，成為沉默寡言的聽眾。但要是只聽別人說話，很可能把自己逼到走投無路，換來悲慘的下場。

我在北海道經營遊戲機出租業時，與一位帶著五歲孩子的少婦有了婚外情。這位女性心靈純真，她因為這段不倫戀而受傷。為了懲罰自己，她提出一起殉情的要求：「我不想再夾在你與丈夫、孩子之間，這樣太痛苦了。可是，跟喜歡的人在一起真的很快樂，我想就算去到陰曹地府，也一定很開心，所以請跟我一起死吧！」

此時，我應該立刻勸阻她別做傻事，但我因為太害怕失去她，所以當下只是默默當個聽眾。然而，她卻將此解讀為一種允諾。

幾天後，我們來到大雪紛飛的支笏湖（按：位於北海道千歲市的淡水湖）停車場。正因當時我沒有出言阻止她，只是默默聽她說話，才會陷入這種進退兩難的局面。

車上播著她最喜歡的古典樂，氣氛莊嚴。我從準備好的安眠藥罐裡取出約三十顆藥丸，配著可樂吞下肚。事到如今，我只能抱著覺悟把藥吞下去。

她坐在副駕駛座上盯著我，隨後也搭配可樂服用同樣分量的藥丸。我把座椅往後倒，閉上眼睛。她的眼角流下幾顆淚珠並握緊我的手，我也用力的回握。

然而，過了三十分鐘，身體什麼變化也沒發生。這是當然的，我所準備的安眠藥，其實只是維他命而已（按：過度服用維他命是錯誤方法，請勿仿效）。

我是個卑鄙小人。我怕了，換掉了藥罐的內容物。她睜開眼睛，僅說了一句：「我們回去吧。」在回札幌一個小時半的路程上，她一句話也沒說。我把車停在平時道別的十字路口讓她下車，她在關門前朝我大叫：「我一開始就全部知道了！」

我丟光面子，只是垂頭喪氣的開車離去，完全沒有回嘴「妳錯了」的勇氣，當初就不該當個澈底的聆聽者。這場不倫之戀落得如此窘境，這一切都是我自作自受。

3. 落魄到睡公園，被警察當成街友

人類的欲望會表現在外表上，懶惰的人不會在乎打扮與外觀。就如暢銷書《你的成敗，九〇%由外表決定》（竹內一郎）所提到的，若外在醜陋到讓人感到無禮，就無法免於對方的責難。

我並非叫各位全身穿名牌，其實只要穿著整齊、保持清潔就足夠了。重要的是，要隨時檢查自己是否有所疏忽，讓對方感到不愉快。

某位認識的金融業者曾說，若要**估量民眾申請貸款時是否足以信任**，他會用**頭髮來判斷**；衣服、鞋子都可以用來裝年輕、時髦，但因為資金周轉不靈，人通常不會有餘力去美容院或理髮廳。即使信誓旦旦的擔保一定會償還貸款，但連保養頭髮的空閒都沒有的人，應該也是出一張嘴而已。他會由此做出判斷，拒絕對方融資。

以前我常常遭到警方盤查，次數多到我都想在脖子上掛個「盤查無用」的牌子。其實，我只要大大方方的說聲「辛苦了」就好，但每次看見警方對照我前科後欣喜若狂的樣子，就覺得非常不爽。

因此，我將外出時戴的毛帽從黑色改成白色，也盡量穿線條挺立的長褲。才不過做出如此改變，我受到盤查的次數便大幅減少，這都是因為我改善了自己的穿著打扮。

某個週末，我在東京晴海埠頭公園的樹蔭下，鋪上一層藍色塑膠墊並躺了上去，打算在此打發時間。不久，有兩位穿著高檔西裝的紳士跑了過來，其中一人說：「先生您辛苦了，真是難為您了，請問您身體有哪裡不舒服嗎？若發生什麼事，請聯絡這支電話。」並遞出名片。名片上寫著「品川區公所社會福利課」，看來他把我誤認為是街友了。

「我不是街友喔！」我提醒，不過他們卻聽不進去：「請您別在意。」最後他們把BVD（美國品牌）的內褲、裝了甜點麵包的袋子以及果汁，放在我旁邊後便離去。品川區公所這兩位職員的臉上，露出與盤查的警察一樣的燦爛笑容。

被誤認為街友，都是這塊藍色塑膠墊的錯，我不禁在心中碎唸。但躺在塑膠墊上的我，從兩位公務員眼裡看來，八成就是街友吧。

人類最大的願望就是能獲得他人的認同、理解，但外在打扮若是太糟糕，這份願望可能就難以實現。還請各位多多費心在自己的打扮上。

4. 一句「珍珠的眼淚」，害我惹毛黑道大哥

俗話說：「知己知彼，百戰不殆。」了解對方是什麼樣的人，才是建立良好人際關係的第一步。

每個人各自都有不同的價值觀，**學經歷、工作、體型、容貌、興趣等都可能讓人自卑**。若不小心碰觸對方不願提起的部分，而讓對方感到不悅，便會讓難得建立起的互信關係瞬間瓦解，尤其是較敏感的政治或宗教話題，更應謹慎小心。

另外，我們也必須注意對方的喜怒哀樂。若缺乏洞察力，很可能會因不經心的一句話，讓自己陷入窘境。

那是個「顏射」這個詞剛發明，也還沒有「AV女優」的年代。因為某位經營金融公司的老闆俠客（在高利貸業界裡也被叫做會長），他的太太是吉原

（按：日本江戶時代公開允許的妓院集中地，位於現今東京都台東區）第一的泡泡浴小姐，所以我請她來參與ＡＶ演出，不過由於她沒體驗過顏射，拍戲時氣憤難平，當場就直接走人了。

對方的丈夫是以暴力（與金融）為業的男人，我想說不可能就此相安無事，因此幾天後親自帶了禮盒前去拜訪。

令人意外的是，會長興高采烈的接待我。當下，我鬆了一口氣，把剛好放在包包裡的好萊塢電影錄影帶拿出來送給他：「會長，這是很棒的作品，我感動得流下『珍珠的眼淚』了。」

會長露出特別燦爛的笑容：「真的嗎？珍珠的眼淚嗎？」當我知道他那笑容背後的意義，已經是兩天後的晚上了。

當晚，一通電話打來公司，我接起電話，心想這麼晚了還有人找我，就聽到會長低沉嘶啞的聲音：「導演，我現在特地從京都請來一位寶石鑑定師。我等一下要看你給我的電影，想流個眼淚看看。你說會流『珍珠的眼淚』嘛？沒錯吧？

你要是騙我，我絕對不饒你。」

兩個小時半後，會長再度打來電話：「你這傢伙竟敢騙我啊？寶石鑑定師說眼淚只是一般的水。我等一下就帶小弟過去，你給我乖乖等著！」旋即掛上電話。他根本只是想找碴罷了。

也就是說，會長其實聽到太太的抱怨，還在思考要怎麼收拾我的時候，恰巧聽到我無心說出的那句「珍珠的眼淚」，才正中下懷。之後，小弟們闖進公司裡，上演一場出動警察的大紛爭。

若不了解對方而失言，很可能釀成一場大災難。我自己就是見證人。

5. 錯估時代潮流，我負債五十億日圓

銷售員該具備什麼樣的商品知識呢？

一般人或許認為，身為銷售員就該對商品功能或特色瞭若指掌，但我不這麼認為。在資訊化時代，那類資訊就算不聽銷售員講解，客戶只要拿起手機就可以輕鬆查詢到。

在我的認知中，所謂商品知識，是讓客戶自行想像購買商品後能體驗什麼樣的樂趣、得到什麼樣的滿足感。因此，對銷售員而言，反而**該說明的是對方購買後能得到什麼益處**。

也就是說，銷售的最大重點不是物品本身（硬體），而是對客戶有益的資訊（軟體）。

我之所以能在英語教材公司做到業績第一，是因為我在介紹商品時，總是會向客戶述說願景：提升英語實力所能建立的美好未來。

同事中，有許多畢業於一流國立大學或知名私校，英語能力不輸外國人的人，但正因為他們有一定的英語能力，所以總拘泥於單字或文法的背法。

可是，客戶早在學生時期就對這種學習方式感到厭煩了，事到如今還一直關注在學習技巧，對方根本不會產生興趣。

我從不說怎麼學習英語，因為我有自知之明，光靠這點決勝負，才高中水準的我根本無法與人平起平坐。我的方法是讓客戶知道，增強英語實力能建立多麼美好的未來：當客戶能夠流暢運用英語時，就可以成為前途無量的上班族。

我還強調，若能透過學習英語，欣賞外國的音樂與電影，眼睛閉起來都像聽著母語般熟悉，視野也能變得更加寬廣。

人類是喜愛挑戰的動物；因為先人希望像鳥一樣自由飛向天空，才誕生了飛機。向客戶勾勒出夢想中的未來，他們就能憑著自己的意志飛向嶄新世界，而這正是業務員的無上榮幸。

別超前時代太多

不只是銷售員，各行各業都必須跟上時代潮流，也都需要創造新的需求。可是一旦錯估時代潮流，就可能遭受致命打擊，導致事業破產。這正是我一九九二年在投資衛星電視事業時所犯的錯誤。

當年，綜合商社三菱商事建立了衛星電視事業，拉開了新影像時代的序幕。當時有傳言說，軟銀集團的創辦人兼社長孫正義與電影公司都計畫加入成人頻道，以趕上這波商機。

然而，跳過許多競爭對手，反倒是我所經營的鑽石映像被相中了。某天毫無預警的，三菱商事的董事突然來訪並邀請我們：「還請貴公司務必參加日本首次建立的成人頻道事業。」

觀眾不再需要像以前那樣，親自到錄影帶出租店借ＡＶ還得避人耳目，可以直接在家中盡情觀看ＡＶ，因為我認為這是絕無僅有的商機，所以我很快就決定加入。

但實際上，開始發展衛星電視事業以後，反而面臨重重難關，第一是必須擁有自己的基地臺。這個問題，後來我用十九億日圓，向神奈川縣川崎市某個宗教團體購買衛星電視基地臺才解決。

另一個難關是，市售衛星電視的接收器高達五十萬日圓。我們向臺灣製造商大量下訂了要價二十萬日圓的新型接受器，但因瑕疵品過多，結果被客戶退的貨堆積成山。

最後，加上月費兩億五千萬日圓的訊號租用費，把公司財政壓得喘不過氣來，不到一年時間就負債五十億日圓，號稱「從天空降下色情」的夢幻事業終究破滅。

一年後，相關法條獲得修法，即使沒有自己的基地臺，也可以委託其他公司協助發展自己的衛星電視事業，而訊號租用費更大幅降低到原本的三十分之一，也就是八百萬日圓。更令人憾恨的是，市面上已開始發售價格不到十萬日圓的國產接收器。

結果，約七間公司成立成人頻道，每年都可以從中賺取超過十億日圓的利潤，一舉獲得成功。

我想走在時代尖端，卻因為走得太快而慘遭滑鐵盧。如果我能再觀望兩年，或許就可以像其他公司得到莫大利益，在這二十年間至少能賺個兩百億日圓吧。

到了現今ＳＮＳ的時代，世界各地都能免費觀看各種影片，這在過去即使花費數兆日圓也不可能實現；而誕生於這個時代的，還有號稱年營收兩千億日圓的ＤＭＭ（按：日本電子商務網站，由 DMM.com 公司營運，主要從事網路販售等相關事業）。

6. 自以為閱人無數，卻招來大失敗

某位四十多歲的女性社長在我友人的引介下，突然前來拜訪我，並向我提出請求：「我想舉辦女性觀點的ＡＶ展，消除大眾對ＡＶ的偏見，能否請您贊助我呢？」她熱切的望著我。順帶一提，她的體型頗為豐滿，臉長得跟前橫綱朝青龍（按：日本相撲選手，已退役）沒什麼兩樣。

她無畏自身條件的困難，仍率領兩位忠心的年輕男性——三十多歲的副社長與二十多歲的社長祕書來拜訪我。她的熱情打動了我的心，我覺得自己也該拿出男子氣概，號召認識的ＡＶ片商參加展覽。

到了開幕的四天前，她打電話來哭哭啼啼的說：「好不容易借到的國際會議中心，兩天的租借費就要八千萬日圓，而且明天之前就得付清，否則無法使用會場。」她甚至說出「好想死」這種話。

聽到「好想死」還置之不理，未免也太冷血，只不過由於我手頭沒這麼多錢，所以就向朋友借了八千萬日圓，隔天再匯款到她指定的銀行帳戶。

AV展本身順利舉辦，然而結束後，她捲走超過一億日圓的入場費與企業贊助費，消失得無影無蹤。

我前往她的公司一看，正將辦公桌搬到卡車上的員工告訴我：「社長聯絡我們說公司破產了，叫我們把公司內的用品整理整理。」我這時也才知道，她與副社長、社長祕書生活在同一個屋簷下。

我這輩子閱人無數，接觸過七千名女性，以為自己對女性瞭若指掌，到這時才發現自己根本愚昧無知。明明自己的工作是看透女性，卻被「消除大眾對AV的偏見」這句話迷得團團轉，失去冷靜的判斷能力，成為詐欺師的肥羊。

我拜託二話不說借我八千萬日圓的朋友，請他寬限一段時間。即便他的人品再好，還是臭罵了我一頓：「拜託你這陣子都不要來見我。」何止如此，業界一時鬧得沸沸揚揚，還謠傳我根本就是女詐欺師的同夥，讓我吃盡苦頭。

輕易相信別人，這點正是我失敗的原因。我還不夠成熟，忽略了這世上確實有人重視金錢，勝過人與人之間的信任。

每天孜孜不倦的累積信用，就不會輕易的失去它。然而，不自量力的為了別人去籌錢，做些非自己能力所及之事，就可能像我一樣失去重要性僅次於生命的信用。

終　章

無論別人怎麼貼標籤，我都是 AV 帝王

在前面幾章，我解說了許多說服技巧，但我真正想告訴各位的不是技巧，而是真正能推動對方的力量。那麼，能夠推動對方的原動力是什麼呢？

是「熱情」。

譬如在戀愛中，真正關鍵的並非學歷、容貌或家世，而是熱情。我們常看到工作經歷豐富、生於富貴人家的美麗千金小姐，與沒出息的飛特族（按：意指以固定性全職工作以外的身分，來維持生計的人）男性成雙成對的例子。男性不以自己的經歷為恥，對女性捨身獻出熱情的結果，就是緊緊抓牢了對方的心。

熱情具有足以粉碎「利益得失」的力量。銷售員若想推薦商品給客戶、請客戶買下商品，最重要的便是熱情。

人類社會中，將不可能化為可能也正是受到熱情的驅使；我們可以說，熱情是一切成功的源頭。因此，人類尊敬懷有熱情的人，並且推崇他們。不只是戀愛，若想在商業、運動以及學術領域裡完成一番大事，沒有比熱情更重要的了。

為了推銷英語百科全書，我曾說話長達四小時至五個小時以上，直到客戶願意點頭為止。但我所做的，只是將內心中那股有如湧泉般迸發而出的熱情，完完整整展現出來而已。

只要胸懷熱情，就能得到這世上一切事物。在達成目標以前，持續燃燒熱情、永不放棄，就有機會成功。不過，話說回來，我們又該如何抱持熱情呢？

最重要的，就是擁有目標；在心中描繪自己將來想實現的願望、想過上富饒生活的夢想，並設立完成這些願景的目標。只要為了實現目標，一步步的積極向前邁進，心中自然就會湧現熱情。

任何人只要活著，自尊就會有所犧牲；但即使失敗也不為這點小事感到沮喪，並添進名為執著的柴火，那麼熱情就能燃燒得更旺盛。

號稱年營收七十兆日圓、規模世界第一的中國電商平臺「阿里巴巴」創始人馬雲便曾說過：「做任何事情都必須有熱情，沒有熱情什麼事情也做不好。」

常有人對我說：「導演很擅於應對逆境呢！」這實在過獎了。看來「七項前科」（國內六項＋國外一項）又負債五十億，不僅沒讓我個人破產，反而因為還清所有借款，讓大家給了我這樣的評價。

其實，我完全不是擅於應對逆境的人，只是當時的狀況不允許我放棄，才選擇堅持到底。如果我跑路了，為我作保的朋友和他的妻小仍可以平安無事，那我一定選擇逃亡這條路，當個卑鄙小人。

但實際上，若我跑了，作保的朋友與他的家人說不定就得全家共赴黃泉，所以我選擇乖乖還錢。我不想背上「逼恩人一家自殺的男人」這般過於沉重的汙名，因此才拚死也要還清所有借款。

妻子出軌——我是最沒路用的男人，但也是性愛狂人

我年紀輕輕就結婚（二十一歲），還生了一對兒女，但二十五歲便離婚了。離婚的理由是妻子出軌；妻子在我外出時將外遇對象帶進家中上床，正好被家母撞見。

當我得知這件事時，簡直難以置信。家母在軍人父親出征的一年半中獨自撫養了兩位子女，沒有紅杏出牆。因此，我一直都認為我的妻子理應如此。

但妻子出軌的事實，讓我心中這份幻想也隨之破滅。離婚後，三歲的女兒歸給妻子、一歲的兒子則由我撫養，然而我已犯下生涯難以抹滅的罪——尚且年幼的姊弟硬生生被拆散，至今想起仍輾轉難眠。

遭到最愛的妻子背叛，我被憤怒、屈辱、悲傷與絕望支配，澈底喪失身為男人的自信。「沒路用的男人」這個烙印所帶來的傷害，短期內難以恢復。因此，長達一年多的時間裡，我光是看到女性就覺得痛苦，甚至曾想不開：「我不想再經歷這種事了，乾脆切掉我的男性象徵吧。」

把我從這絕望谷底中一把拉起的是報復心；我怎能忍受老婆被別的男人睡走的恥辱。於是，我的鬥爭心被喚醒，夢想成為只要跟我睡過，就令人一輩子難忘的做愛狂人。

我腦海中浮現出達成目標、精力絕倫的自己。想像力就是人類最強的武器，我還記得，以前曾想像過自己成為肌肉猛男，便全身是勁。

十年後，我有幸成為以情色為業的導演，讓世人見識任何人都未曾想像過的情色演出。歷經妻子出軌夢魘般的經驗，使我獲得了「ＡＶ帝王」的頭銜；若沒有妻子出軌、負債破產等過去，就沒有今日的我。

人類即使陷入逆境，也有著不屈不撓、燃燒熱情重新站起的精神。這種強韌的生命力，源自我們的誕生。

成人男性每次約能射出一．二C.C.的精液，其中含有超過一億隻精子。而男性一生射出的精液量竟多達數十公升！換言之，我們能降生在這世上是靠著奇蹟般的運氣，以及最強勁的生命力。

我們都是在天文數字般的機率下被選中的超級精英，中彩券的機率與此相比，簡直是小巫見大巫。我們的父母乃至祖父母，甚至是石器時代的祖先，都是在難以想像的機率下誕生的，可謂是「連環的奇蹟」。

人類祖先在漫長的歷史中，如蟲蛆般爬行在不見天日的黑暗裡，闖過了許多危機，才好不容易把生命的接力棒交到下一代手上。人類是怎麼克服無數次的天災、瘟疫與饑荒活到今日的呢？

那是因為，在一代傳一代的人類歷史中，人心自然而然培養出了越挫越勇的DNA。

在羞恥人生中，知道真正的羞恥

四十多年前，我當時還在北海道推銷VHS（按：家用錄影系統）規格攝影機與錄影機套組。

當年還沒有錄影帶這種產品，錄影機必須與攝影機一起購買才能使用。套組價格為八十萬日圓（相當於現在的一百五十萬日圓）。由於價格相當高，我採用突襲推銷的方式販售。

攝影機與錄影機的重量含電池共約二十公斤，如果再加上顯示用的彩色電視與一百伏特變壓器，隨便也有三十公斤，實在很難一個人扛著走。

為此，我買了嬰兒車，放進攝影機與錄影機等商品。那天一早就吹起暴風雪，我推著嬰兒車走在國道上，結果結冰的路面害我不小心滑倒，連人帶車摔進三公尺下的田裡。我的臉部朝下，整個埋進雪中。

我忍受凍寒，走了將近三個小時，體力與耐力已到了極限。當頭埋進雪裡時，眼淚都流了出來。我為自己狼狽落魄的樣子感到悲哀。

但在下一個瞬間，我整個人跳起來，因為我突然想到嬰兒車裡的商品。幸好嬰兒車只是翻倒，裡面的生財工具還完好無缺。我在大雪中奮力往上爬，把嬰兒車抬回國道的路肩上。

我看到遠方街上的燈光，於是我繼續在風雪中推著嬰兒車前進。不知不覺間，我開始小聲唱起歌曲。人類被逼到走投無路時，就會不自覺的哼起歌來。

我一邊走，一邊想起剛剛發生的事，我慶幸自己沒有自暴自棄，馬上站起來。一連串動作行雲流水，如同眼前有人要拍掌時，眼睛會瞬間閉上一樣。

這時，我腦中彷彿得到天啟般想到：「沒錯，就算跌倒也像剛才那樣馬上爬起來就好，跌倒只是件小事」。人生的道理其實很簡單，這個「跌倒了再爬起來」的精神，成為我之後人生的核心理念。

「運氣」不會糟蹋人生，只有人自己會。在失敗面前，無人是勇猛的橫綱，任誰都是序二段、序之口般的新手（按：相撲較低階的選手）。

然而，因為失敗憂心忡忡、悔不當初，變得沒志氣、膽小如鼠，這才叫「失敗」。請各位了解，失敗而跌倒並不丟臉，如孩子般耍脾氣、撒嬌而不願重新站起，這才是真正的羞恥。

接受死亡宣告，但我活過來了

二〇一二年我突然病倒，並得知剩餘的生命不到一週。幸好，當時我遇見世界級的名醫，才得以逃過一死。這位名醫曾對我這麼說。

「我至今已陪伴許多病患走完人生最後一程，但是這些病患從沒有一個人是在失意與沮喪中過世的。病患們到最後的最後也沒有絕望，仍然咬緊牙關，等待總有一天能康復、回到原本生活；撐過諸多痛楚後，才在希望之中啟程離世。

「有了這樣的經驗，我再也不對任何病患宣告剩餘壽命。我們不是神，不應該對病患做出如此殘酷的事，將他們推落地獄谷底，在絕望之中離世。我認為這樣的醫生並沒有資格為病患看診。反倒是有很多病患堅持不懈，對抗疾病到最後一刻，反而發生細胞活化、大病痊癒等現代醫學無法闡明且難以置信的奇蹟。因此，我認為餘命宣告，不過是醫生將自己行為正當化的一種傲慢。」

運氣不會壞了人生，只有你自己會

請容我在這邊問各位一個問題。

前面篇幅描述了我一路走來的逆境，那麼您之後想怎麼活下去呢？又要如何成為人生勝利組呢？我透過這一輩子經歷的所有工作，找到了答案。

在推銷英語百科全書時，我曾將書賣給一位二十歲的工匠。一年後，這位青年捎來了一封信。

「我國中畢業成為工廠職員以後，一直對學歷感到自卑，但因為您的建議，我獲得了比同年紀的大學生還優秀的英語能力。後來承包商看準我的英語能力，現在決定讓我去美國教育實習一年。我做夢都沒想到自己有這種機會。這全都托您的福，是您給我機會學英語的，我打從心底感謝您。」

收到這封信，我才實際感受到自己的工作真的能為客戶帶來幸福。那一晚，我激動得難以入眠。

鑽石映像時期，某位外包員工得到肝癌末期而住院，不久後因不敵病魔而逝世。此時他才年僅三十歲。

我與他沒有見過面，但外包公司的社長告訴我：「他是導演您的粉絲，即使他在病榻上忍著劇痛，還是要將您的作品放在枕頭邊，眼眶泛淚也要觀賞您的作品。他總是開心的說您的作品很有趣呢！」我打從心底認為，成為ＡＶ導演真是太好了。

又有一次，我走在神田的古書街，突然有人從背後拍了我的肩膀。我回頭一看，是個剃了光頭、穿著袈裟，看起來不過三十多歲的和尚。

「請您原諒我的無禮，您是村西導演吧。我年輕時為自己難以控制的強烈性慾感到很困擾，再怎麼自制都壓抑不住。那份狂暴、無恥又深不見底的性慾令我感到作嘔，痛苦萬分。我為了處罰自己，憤而出家，但後來有緣看見導演寫的書，也有機會觀賞作品，這時我才發現性是可以如此享受的事，讓我上了寶貴的一課。我終於從『性是可憎之物』的詛咒中解放出來。過些日子我想還俗，成為一般的社會人士展開新的生活。真的非常感謝您。」他深深的彎腰鞠躬，充滿歡喜的離去。

我目送他的背影，覺得ＡＶ這份工作毫無疑問是我的天職。

無論別人怎麼貼標籤，我都是AV帝王

前一章我引用了「知己知彼，百戰不殆」這句話。彼（敵人）的存在會因狀況有所改變，那麼己（自己）又是什麼呢？若不了解自己真正的姿態，想必也沒把握戰勝敵人吧！

為了解自我而到世界盡頭探尋自我，又或是窩在家中埋首書堆深思自我，這些做法都無法找到答案。

這是因為自己是什麼樣的人，並無法由自己決定，必須了解他人如何看待自己，才能判斷自己是什麼樣的人。自己在社會上有多少用處，才是了解自己的判斷基準。

最能有效了解自己的方法，就是透過工作，找出生活中自己存在的意義。知道自己的工作能幫助社會、公司或其他任何人，自我價值才會變得清晰明確。

待在原地與自己大眼瞪小眼，是無法了解自己，也無法找到自我的，說不定

還會因此迷失自我。人類是社會性動物，只有與人類社會互動，才能從中了解自己，找到未來的道路。

而人只有遇到工作上的難關，才能真正了解自我；被逼到懸崖邊，人才會暴露出怯弱、怠惰、欺騙、算計、輕率、頹廢、無能等真實面貌；知曉自己的弱點，並接受一絲不掛的自己，這樣才能稱為「了解自己」。

這世上一切工作皆因社會所需才得以存在。換句話說，凡是存在這世界的工作，**無論他人如何誹謗，沒有一個工作是毫無用處的**。我們藉由自己選擇的工作，學習社會運作的機制、了解人的真心，並建立起自己的人生哲學，一輩子探求人生真理。可以說，工作是摸索生存意義最好的方法。

工作能帶給我們無可取代的喜悅，為了因自己的工作而開心的客人、同事或家人，有時我們甚至不惜用生命去交換。

因此，工作的成就感與社會上的名聲或評價並沒有關係，我們也無法貼標籤來歧視他人。畢竟客人的滿意、同事的笑容與熱切眼神都是貨真價實的。自己的喜悅之情以及心靈上的滿足，才是我們最珍貴的寶藏。

最後，請讓我告訴各位一件事。我們應該追求的真正的幸福，到底是什麼樣的東西呢？

我想那絕非是物質上的豐衣足食，也並非不會遭遇不幸、不會挫折、不會失望的人生。真正的幸福是，不論身處什麼樣的困境，都能明白今日試煉是為了明日喜悅的心靈。我們要追求的並不是不會失敗，而是擁有陷入痛苦深淵仍不輕易氣餒的鬥志。

「一切苦難皆是自己珍貴的原動力」，我認為沒有勝過這種思維的幸福了。擁有將失敗當成收穫的意志與氣魄，還有比這個更幸福的事嗎？

最後，送給各位一句我最喜歡的格言。前南非總統納爾遜・曼德拉（Nelson Mandela）說：「最大的榮譽不在於永不跌倒，而是每次跌倒後都能再站起來。」希望各位將這句話放在心中，時刻用來鼓舞自己。我相信未來有一天，我會與瀟灑面對人生困難的你不期而遇。

AV 帝王村西透簡易年表

年分	事蹟
1948 年	生於福島縣磐城市。
1967 年	畢業於福島縣立勿來工業高中，曾做過酒店少爺。而後，於 Gloria International 日本分公司，擔任英文教材銷售員，成為全國銷售第一。
1972 年至 1983 年	離開 Gloria International 日本分公司，遷居至北海道。1970 年代後半，在北海道經營大型遊戲機臺。
	轉而從事成人雜誌的製銷，建立北大神田書店，全國擁有 48 間店鋪。
1984 年	被警察署以刻意持有及販售猥褻圖畫的罪名逮捕。北大神書店集團瓦解，失去全部的財產。同年秋天，之後被保釋出獄。加入水晶映像成為成人電影的導演，成功拍出 3,000 部 AV，年收高達上百億日圓。「村西透」的誕生。
1986 年	12 月，在美國夏威夷珍珠港上空拍 AV，被美國聯邦調查局（FBI）拘捕並判刑 370 年；他花盡一生積蓄打官司，於隔年 8 月回到日本。
1988 年	成立自己的 AV 影片公司鑽石映像。
1992 年	因為投資電影衛星事業失敗，欠下高達 50 億日圓的債務，宣布倒閉。
2012 年	因病住院，經 12 個小時的手術後，奇蹟似的恢復了健康。
2019 年	由作者自身故事改編而成的 Netflix 影集《AV 帝王》，全球熱映。
2020 年至今	現今活躍於各領域，著有《若你想放棄人生，往下面看，我就在那裡！》、《裸露的資本論——還清 50 億日圓的 41 個金錢法則》等書。

國家圖書館出版品預行編目（CIP）資料

AV帝王說服術：推銷、借錢、搭訕、求職、吵架……甚至躲債，AV帝王村西透只要一開口，難纏客戶也能變朋友。／村西透著；林農凱譯. -- 初版. -- 臺北市：大是文化，2021.02
240面；14.8×21公分. --（Biz；344）
譯自：禁断の説得術　酬話法——「ノー」と言わせないテクニック
ISBN 978-986-5548-18-6（平裝）

1. 說話藝術　2. 說服　3. 商業談判

192.32　　109014278

Biz 344

AV帝王說服術

推銷、借錢、搭訕、求職、吵架……甚至躲債，
AV帝王村西透只要一開口，難纏客戶也能變朋友。

作　　者／村西透
譯　　者／林農凱
責任編輯／黃凱琪
校對編輯／張慈婷
美術編輯／林彥君
副總編輯／顏惠君
總 編 輯／吳依瑋
發 行 人／徐仲秋
會　　計／許鳳雪
版權專員／劉宗德
版權經理／郝麗珍
行銷企劃／徐千晴
業務助理／李秀蕙
業務專員／馬絮盈、留婉茹
業務經理／林裕安
總 經 理／陳絜吾

出 版 者／大是文化有限公司
臺北市100衡陽路7號8樓
編輯部電話：（02）23757911
購書相關資訊請洽：（02）23757911分機122
24小時讀者服務傳真：（02）23756999
讀者服務E-mail：haom@ms28.hinet.net
郵政劃撥帳號 19983366　戶名／大是文化有限公司

法律顧問／永然聯合法律事務所
香港發行／豐達出版發行有限公司 Rich Publishing & Distribut Ltd
香港柴灣永泰道70號柴灣工業城第2期1805室
Unit 1805, Ph. 2, Chai Wan Ind City, 70 Wing Tai Rd, Chai Wan, Hong Kong
電話：21726513　傳真：21724355
E-mail：cary@subseasy.com.hk

封面設計／李涵硯
內頁排版／顏麟驊
印　　刷／緯峰印刷股份有限公司

出版日期／2021年2月初版
定　　價／新臺幣350元（缺頁或裝訂錯誤的書，請寄回更換）
I S B N　978-986-5548-18-6